小学校社会科における価値判断の授業開発

—包摂主義を基軸とした価値類型の有効性—

秋田 真 著

序　章

研究の意義と方法

第１節　研究主題

本研究の目的は、小学校社会科における価値判断の授業を包摂主義の観点[1]から新たに授業開発することである。

これまで、小学校社会科教育において価値判断学習[2]は多様に取り組まれ、一定の成果をあげてきた。しかし、以下３点の課題を残している。

第一に、小学校社会科教育の価値判断学習がどのように実践されているのかについての体系的な研究の積み重ねが十分とはいえず、社会科授業実践が整理されぬまま行われていることである。小学校社会科教育における価値判断学習は、主に中学年や高学年の行政機能や公共施設の役割や仕組みの学習などにおいて、学習問題を扱う際に展開される。これらの授業は社会問題を是か非かで問い、選択させ理由付けさせることによって、形式的思考能力を育成することを目的とするものであったり、あるいは、社会科の内容として取り扱う工夫や努力を理解させるために結果として価値判断を迫ったりしている。そこで本研究ではこのような実際の授業を用いて、学習者の思考に沿いながら価値判断学習の類型化を行い、社会科授業実践の整理を試みる。

第二に、小学校社会科の価値判断学習の一つと見なされる「社会的事象を公正に判断する児童の育成」という従来からの文部科学省の提唱が、具体的事例を欠いているということである。たしかに、従来から小学校のみならず中等教育においても社会科教育では、価値判断を迫るような「公正に判断する能力と態度を養う」ための授業改善が求められてきた。たとえば、平成23年施行となった学習指導要領の社会科改定の主旨において「社会的事象に関心をもって多面的・多角的に考察し、公正に判断する能力と態度を養い、社会的な見方や考え方を成長させることを一層重視する方向で改善を図る[3]」という提起がそれである。それによると社会的事象を公正に判断するとは「決して一人よがりの判断ではなく、社会的事象を多面的、総合的にとらえ公正に判断すること[4]」

をさしており、その具現化のため、実際の授業では問題解決的な学習の充実や考えたことを自分の言葉でまとめ伝え合う言語活動の充実を図ることが求められている。しかし、これまで文部科学省の実践事例[5]のみならず社会科授業における価値判断学習においては、価値を十分吟味しないままの「公正」の実践[6]が提起されるのみである。そこで本研究では、社会的事象を公正に判断する児童の育成をねらった具体的実践例を明らかにする。

第三に、小学校社会科の価値判断学習が、時代の変化に応じた人々の価値観の変化に対応できていないことである。価値判断学習を構成する上では、対立する価値の分析や解明が必須である。それによって学習が成立するのだが、時代の変化に応じて人々の価値観を再整理することによって、新たな価値の基軸が求められる。例えば、社会的論争問題においてリベラリズムの立場は、温情的な介入主義としての包摂主義の立場であっても非温情的な不介入主義であってもどちらの見解であってもよいという主義主張となる場合がある。現代の主要なイデオロギーの一つであるリベラリズムが、包摂主義でも非包摂主義のいずれでもよい[7]というのでは、対立軸として適切ではない。そこで本研究では、時代の変化に応じた人々の価値観の変化に対応した新たな価値の基軸を用い、価値判断学習を開発する。

以上の課題に応えるために、本研究では社会科授業におけるこれまでの価値の扱い方について検討し、そこから得られた課題に基づき、新たな価値類型の基軸として包摂主義による授業開発を行い、実践を学習者の思考に沿い分析することで、その特質を明らかにしていく。それにより、授業開発の有効性について確認すると共に、小学校社会科授業の改善に寄与することとなる。

※本書において特に断りのない場合、学習指導要領及び解説は平成29年度版のものを示す。

第2節　本研究の特質及び意義

価値判断学習の類型化や授業分析研究に関しては、これまでも様々な実践を基に研究が進められてきたが、これに対し本研究の特質及び意義は以下の４点に集約できる。

第一の特質及び意義は、これまでの価値判断学習の類型を整理し、新たに包摂主義の観点を基軸として価値分類を行った点である。これにより、価値判断の場面において輻輳する価値を整理できずに進めていた授業計画に対し、包摂的な価値かどうかを立場ごとに整理した授業計画を立案することが可能となった。

第二の特質及び意義は、包摂主義の価値を基軸とした類型に基づく授業開発を行い、その実践分析をしたことである。本研究における実践は、全て、弘前大学教育学部附属小学校にて実践したものであり、筆者自身が開発・実践したものである。これら実践は、本研究において提示する類型に対応しており、それらの実践を分析することで価値の明示、輻輳する価値の整理についての道筋を明らかにしている。

第三の特質及び意義は、価値判断学習の実施により小学校社会科における言語活動の充実を図る授業の実施が可能となることである。言語活動の充実に関しては、全国の学校で授業の中にその重点が置かれ進められてきたが、言語活動そのものが目的化している授業も散見されている[8]。本研究における社会科授業実践では言語活動を通した価値判断学習を行い、授業のねらいを達成することで時流を超えた提案を行っている。

第四の特質及び意義は、国内外で課題となっているアクティブ・ラーニングを重視した指導の提示がなされている点である。アクティブ・ラーニングについては、「子供たちが「何を知っているか」だけではなく、「知っていることを使ってどのように社会・世界と関わり、よりよい人生を送るか」が重視される学習方法であり、知識・技能、思考力・判断力・表現力等、学びに向かう力や人間性など情意・態度等に関わるものの全てを、いかに総合的に育んでいくかということである[9]」。こうした学習方法の改善に関しては、初等教育では既に十分に取り組まれていることが『論点整理』でも明らかだが、本研究では価値や知識に対し、教師による注入主義的な指導ではなく、シミュレーションやロールプレイングといったワークショップ型の展開や少人数での話合い活動等による協同的な学びを用いた授業開発を行う。このような授業を通して、児童が主体的に学び、価値について知的に気付くような授業展開としての意義を有する。

第３節　研究方法と本論文の構成

本研究の目的である小学校社会科における価値判断の授業を包摂主義の観点から新たに授業開発するために、次の方法で研究を進める。すなわち、包摂主義の観点を基軸とし価値の類型化を行う。然る後、それら価値を扱った社会科授業実践より、児童の認識を基に質的研究を行い、価値の特質を解明していくこととする。

このような手順・方法に基づき、各章は以下のように展開される。

第一章では、小学校社会科における価値判断学習を整理し、その類型について論述する。社会科における価値判断学習の類型化に関して、先行研究からは、①幸福と正義、②言説、③社会制度構造の３点の先行研究がある。それらの課題などから、包摂主義の観点を基軸とした価値類型を提示する。

第二章では、第一章で作成した包摂主義の観点を基軸とした価値類型より、包摂主義内で対立する価値を設定した授業開発を行う。ここでは社会科の授業構成を行い、実践を試みる。実践の分析では、児童の認識を基に質的研究を行い、授業開発と実践における価値の特質を明らかにする。具体的には、財の配分かケイパビリティーの拡充かを問う「青年海外協力隊の支援の在り方について」（第６学年）を扱う。

第三章では、非包摂主義内で対立する授業開発とその実践を提示する。実践の分析では、児童の認識を基に質的研究を行い、授業開発と実践における価値の特質を明らかにする。具体的には、女性議員の実質的平等か形式的平等かを問う「議員クオータ制実現の是非について」（第６学年）を扱う。

第四章では、包摂主義と非包摂主義が対立する授業開発とその実践を提示する。実践の分析では、児童の認識を基に質的研究を行い、授業開発と実践における価値の特質を明らかにする。具体的には次の４点である。１点目は、国の管理か自己責任かを問う「年金の在り方について」（第６学年）である。２点目は、農業保護か自由貿易かを問う「TPP 参加の是非について」（第５学年）である。３点目は、富の再分配か自己所有権かを問う「子ども手当の導入について」（第６学年）である。４点目は、未来補償か現状保護かを問う「ダム建設の是非について」（第４学年）である。

終章では、包摂主義の観点を基軸とした価値類型に基づいた実践の分析より明らかになった価値の特質を解明する。以上の分析によってなされた成果をまとめ、残された課題を論じる。

註

[1] 橋本努は、包摂主義について経済活動を倫理的な観点から包摂すると述べている。橋本『経済倫理＝あなたはなに主義？』講談社，2008，p54

[2] 社会科授業において価値を扱い、児童が価値を分析し判断していく学習を価値判断学習と定義する。詳しくは拙著『価値判断学習としての小学校社会科の経済教育ー功利と正義の視点を通してー』経済教育 34 号，2015，pp.164-171 参照のこと。

[3] 文部科学省『小学校学習指導要領解説社会編』東洋館出版社，2008，pp.2-3

[4] 同上，p105

[5] 文部科学省『言語活動の充実に関する指導事例集ー思考力、判断力、表現力等の育成に向けてー【小学校版】』教育出版，2011，pp63-90

[6] 詳しくは第二章２（1）アに譲る。また、同様の指摘については以下も参考できる。秋田真「Ａ・センのケイパビリティーアプローチを用いた小学校社会科学習ー第６学年公民分野「世界の中の日本」の取組よりー」公民教育学会『公民教育研究』第 23 号，2015，pp.69-78

[7] 橋本努，前掲図書，p115

[8] 文部科学省中央教育審議会初等中等教育審議会の平成 27 年 3 月 26 日教育課程企画特別部会配付資料『「言語活動の充実に関する検証改善」の成果について』には、課題として「目的意識が不明確であったり、単元全体を通じて常に言語活動を行わなければならないと誤解したりしていることにより、言語活動を行うこと自体が目的化してしまっている」と指摘している。
<http://www.mext.go.jp/b_menu/shingi/chukyo/chukyo3/053/siryo/attach/1358722.htm>（2016, 5, 23）

[9] 中央教育審議会初等中等教育分科会教育課程部会教育課程企画特別部会『教育課程企画特別部会における論点整理について（報告）』2015，pp.16-17

第１章

小学校社会科における価値判断学習の類型

本章では小学校社会科における価値判断学習の類型について論述する。社会科における価値判断の類型化への取組について、先行研究分析より明らかにする。しかる後、包摂主義の観点を基軸とした価値類型を提示する。

本章は４節からなっている。第１節では、本研究における価値の定義を行い、小学校社会科における価値判断学習の取組の位置付けや現行学習指導要領との関わりについて述べる。第２節では価値内容の類型化に対する先行研究分析を行い、その特質を明らかにする。第３節では前節の課題より、包摂主義の観点を基軸とした価値の類型を提示する。そして、第４節にて小括する。

第１節　価値と小学校社会科授業

１　価値の定義

本研究において価値は、総じて人々が良いと思えるものや性質のことと定義する。価値判断学習について考察及び実践を行うには、価値についての定義が必要である。佐長健司は「価値はそれ自体として無条件によいもの、何らかの目的のための手段ではなく、目的そのものとする[1]」と定義している。ここで佐長を取り上げたのは、価値の内容を功利[2]と正義としていること。加えて後述する実践も含め、小学校社会科における価値判断学習は、主に中学年や高学年の行政機能や公共施設の役割や仕組みの学習において、政策を巡る学習問題を扱う際に価値判断学習が行われる実践が見られるからである。それら多くの実践は、功利と正義での対立を用いた展開としている[3]ことから、佐長の定義を取り上げた。佐長の他、渡部竜也は「好悪の（特に「良い」という）性質を持つものであり、またそれは同時に人間が思考し行動をする上での判断の指標・基準となる性質をもつ[4]」としている。また、大杉昭英も社会科で扱う価値については「価値は対象についての望ましさの基準と考えられている[5]」としており、価値とは総じて人々が良いと思えるものや性質であるという共通見解である。よって、これら社会科教育における先行研究での価値の定義を本研究においても扱うこととする。

２　小学校社会科における価値判断学習の取組

小学校社会科授業において価値を扱い、児童に判断させていくことは重要であると捉え、価値判断学習に取り組む。児童が成長し社会において生活していく際、価値判断が求められる場面が多々予想される。しかし、社会科授業において価値を扱うことを避け、知識の注入にのみ重点を置いていては児童の価値を判断する力は育成できない。このことについて岩田一彦は「これまで社会科では、価値論争問題に取り組むことを避ける時代が長く続いた。社会に出れば、日々価値判断場面にさらされる現実がある。それならば、学校においても、さまざまな価値判断場面での適切な判断をする教育をしておくべきである。また、価値判断の際に、自己の選択がどのような未来を選択するのかについての予測能力も育成していくことが重要である[6]」と述べている。価値を扱うことに関しては渡部も「価値学習は、民主主義社会でしか必要とされない学習であり、同時に民主主義社会を我々が支えていく上で、必要不可欠な学習なのである[7]」としている。一方、社会科教育において、価値を排除した授業を提案する研究者も存在する。森分孝治は価値認識を扱い、意思決定を行う授業に対しその授業開発が深まることを期待しているとしながらも、価値を扱う授業を「ニューウェーヴ授業論」と括りながら「社会科のアイデンティティーは、あくまで、合理的決定の基盤を培う「説明」主義に求めるべきではないか[8]」と述べている。「説明」主義社会科では、児童への社会科の指導を社会認識の形成、事実や解釈から科学的にその方法や原理が説明できることを目指している。この「説明」主義社会科に対して先の岩田・渡部同様、大杉も価値について「批判的な視点をもって学ぶ機会がなければ、生徒は社会に散在する「価値」に無防備にさらされ、無意識のうちにそれを受け入れてしまうことになろう[9]」と述べ、「説明」主義社会科の範囲で社会科授業における指導を留めてしまうことに警鐘を鳴らしている。よって本研究においても、小学校社会科授業において価値を扱い、児童に判断させていくことを重要視し展開するものとする。

３　授業展開と学習指導要領との関わり

本研究は、国立大学附属小学校における社会科授業実践を伴うため、授業展開と学習指導要領との関わりについて触れる。本研究においては、社会科としての教科のねらいを達成するため、言語活動の充実を意識した実践に取り組み、分析を行う。平成20年度版の学習指導要領からは、言語活動の充実が求められるようになった。さらに、知識基盤社会が到来してグローバル化が進展し、その変化に対応していく能力の育成が求められていることや、OECD の PISA 調査など各種の調査結果より思考力・判断力・表現力等に課題があることを受けている。また、教育基本法改正等により教育の理念が明確となり、学校教育法改正により学力の重要な要素が規定された。それらを受け、学習指導要領では言語活動の充実を重視する[10]ようになり、第一章の総則の第４「指導計画の作成等に当たって配慮すべき事項２（1)」において「各教科等の指導に当たっては、児童（生徒）の思考力、判断力、表現力等をはぐくむ観点から、基礎的・基本的な知識及び技能の活用を図る学習活動を重視するとともに、言語に対する関心や理解を深め、言語に関する能力の育成を図る上で必要な言語環境を整え、児童（生徒）の言語活動を充実すること」と表記されている。このことから各学校では、言語活動に重点を置いた学習が進められるようになった。

本研究の実践においても言語活動は、学習者の思考や発言から価値を見出していく（炙り出していく）手がかりとしてなくてはならない。よって本研究においても、言語活動の充実を意識した実践を提示することとする。

第2節　価値判断学習の類型

1　これまでの価値類型化への取組

これまで価値判断学習に対してその在り方を検討していくため、教育方法や価値内容もしくはその両方に着目し、類型化が行われてきた。その全てを取り上げ概括していくのは難しいが、本研究では価値内容の新たな類型を提示することを目的とするため、価値内容に関して整理した先行研究を取り上げる。ここでは、幸福と正義、言説、社会制度構造といった視点で類型化を図っている代表的な先行研究を取り上げることとする。

2　幸福と正義を基軸とした4類型

幸福と正義を基軸とした価値類型化では、佐長健司の先行研究がある。佐長は価値を幸福[11]と正義であるとし、価値対立の構造を4類型として明らかにしている。佐長は幸福について「個人だけでなく社会の人々が求める幸福の全体を考え、人々の幸福を増進することが求められる。そのため、社会は最大多数の最大幸福を実現するべきである。こうして、社会は幸福を目的として追求するので、幸福は社会的な価値となる[12]」と述べている。つまり、佐長の述べる幸福は功利と同義であると捉えることができる。また、正義については「各自が幸福を合理的に追求する

		異議申し立てにおける価値	
		幸　福	正　義
現状の価値	幸福	幸福 vs. 幸福	幸福 vs. 正義
	正義	正義 vs. 幸福	正義 vs. 正義

図 1-1 価値的対立の構造（佐長健司「社会科授業における価値判断指導の検討」全国社会科教育学会『社会科研究』第65号，2006より引用）

ために、基本的な自由を平等に分配しなればならない。また、社会的、経済的不平等、格差を一定程度は是正しなければならないとする。したがって、各自の幸福追求のための自由や機会の公正な配分という正義こそ、幸福に優先する。そのため。社会は正義をこそ実現すべきである。こうして、社会は正義を目的として追求するので、正義は社会的な価値となる[13]」と述べている。この２つの価値を用いて、それぞれに対立するような価値的対立の構造を図 1-1 のように表した。

図 1-1 に示されている４類型について社会的論争問題を授業で扱い、価値対立解消をねらった指導の在り方について、それぞれ具体的に授業実践を取り上げ、明らかにしている。例えば幸福と幸福が対立する授業実践では、小学校第５学年の「食料輸入自由化」の実践[14]を取り上げている。対立する立場は「我が国の安全確保には食料の自給が必要であるので、食料の輸入は自由化すべきではない」と「貿易の拡大が我が国の地位を向上させてきたので、食料の自給率を下げても貿易の自由化を進めるべきである」の２つである。佐長は両方の立場について、いずれも幸福の増進・拡大をねらっているとし、幸福と幸福が対立していると定義付けた。

この類型は、小学校社会科において児童の価値的理由付けを支えるものとして捉えるのであれば、授業実践向けである。小学校という児童の発達段階を考慮すれば、主に中学年や高学年の行政機能や公共施設の役割や仕組みの学習において、政策を巡る学習問題を扱う際にこの４類型に当てはめ授業を構成していく取り組み易さは想像に難くない。しかし、佐長自身が本類型について指摘しているように、価値の定義自体を問題としている。先の実践にて紹介している幸福と幸福が対立する授業実践では、価値自体の対立ではなく理由付けの対立が論点とされていることがその証左となる。また、佐長自身が示しているように、価値判断の指導を組み込んだ授業構成を提示できていないことから、実践においてそれら価値を露わにする、つまり価値を炙り出す授業実践が明らかにされていない。

３　言説を基軸とした４類型

言説を基軸とした価値類型化では、渡部竜也の先行研究がある。渡部は価値を性質・機能に着目して類型化した見田宗介の理論を基にし、類型を明らかにした[15]。４つに分けられた価値は図 1-2 に示した通りそれぞれ宗教的価値、思想的価値、文化習慣的価値、法規範的価値である。

この類型では、社会科授業において民主主義社会の有意な形成者を育成するためには、法規範的価値学習が有効であることを明らかにしている。そして、議論を重視し、集団で学習することに意義を置いている。このことからも、現在求められているアクティブ・ラーニングの視点をもち合わせた研究であると言える。この４類型のうち、宗教的価値学習や思想的価値学習、及び文化習慣的価値学習の３点については、小学校社会科の学習内容及び発達段階において、該当する単元及び展開が極めて限定的であり、あえてあげるとすれば、渡部の指摘通り法規範的価値を用いた学習が有効と考える。しかし、これら価値を取り上げてはいるものの、実践においてそれら価値を露わにする、つまり価値を炙り出すことを行ってはいない。

		時間的パースペクティブ	
		伝統性・継続性重視	現代適応性・革新性重視
パースペクティブ社会的	自己本位	宗教的価値 （宗教・経典）⇒日常での個人の多様な行為を生む	思想的価値 （倫理・人間哲学）⇒日常での個人の多様な行為を生む
	社会本位	文化慣習的価値 （伝統的慣習）⇒日常での文化的社会的現実を生む	法規範的価値 （法・判例）⇒政治的経済的社会的現実を生む

図 1-2 価値の類型表（渡部竜也『アメリカ社会科における価値学習の展開と構造』風間書房，2015 より引用）

４　社会制度構造を基軸とした４類型

社会制度構造を基軸とした価値類型化では、大杉昭英の先行研究がある。大杉は功利主義、社会契約主義、自由至上主義、共同体主義の４つを取り上げ、基本枠組みとして授業開発を行っている[16]。この４つの価値を取り上げた理由として、塩野谷祐一の論を根拠としている。塩野谷は先の４つの価値を示し、「これらの思想は社会の基本的な制度構造の在り方を問うものであって、われわれが問題とする現代社会の価値理念はこれらの議論をおいてはありえない[17]」と述べている。よって、この４つは価値として選ばれた。大杉はこれら価値をおおよそ以下の表 1-1 のようにまとめている。

表 1-1　大杉による４つの価値

価値名	価値の内容
功利主義	個々人の効用・厚生・幸福・福祉といった言葉で表される主観的満足の社会的集計値を最大にすることを指図する立場。
社会契約主義	平等な自由の保障の下で、公正な機会均等と、最も恵まれていない人々に利益をもたらすような仕組み（格差原理）が必要であると考える立場。
自由至上主義	自己決定権の最大限の尊重を求め、「純粋な自由交換を通して獲得した財産の蓄積に対して各人は不可侵の道徳的権利」を持ち、いかなる強制的な課税も正当性を持たないとする立場。
共同体主義	個々人は特定の共同体的社会の中に「埋め込まれた自我」であり、人々の価値体系は共同体の歴史と伝統の中で形成され、良き生の観念が共通善として人々によって共有されているとする立場。

（大杉昭英「社会科における価値学習の可能性」全国社会科教育学会『社会科研究』第 75 号，2011 より筆者作成）

上記４つの価値のうち、自由至上主義と社会契約主義の対立として、高等学校現代社会「医療保険問題」の提案がある。医療保険制度を取り上げ、自由至上主義と社会契約主義を用い、倫理的価値を明らかにさせることで、生徒の価値認識の成長をねらったものである。この類型は、価値を意図的に扱い具体的実践を示している点で他の類型とは一線を画している。中でも社会契約主義は、本研究にて取り上げる社会的包摂の立場をふまえている。しかし、指導計画の終末からは生徒に、自由至上主義と社会契約主義そのものの正当性を理解させることが主眼となっており、それぞれの立場の吟味（優位性）までに考察が至ることはない。もちろん、優位性とは決定的な答えがあるというのではなく、議論を深めるという意味においてである。さらに、これら価値の類型については価値そのものの並列であり、先の２つの研究同様、学習者の思考や発言からの価値の炙り出しを行ってはいない。

５　価値判断学習の類型についての特質

以上、価値内容に関して類型化を図った先行研究を取り上げ、それぞれの意義及び課題について概観した。その分析より得られた特質は、以下３点である。

第一に、いずれの類型も社会科授業において価値を扱うことが必要であることを明らかにしている。つまり社会科の指導を社会認識の形成、事実や解釈から科学的にその方法や原理が説明できることをまでを目的とした「説明」主義社会科の立場とは異なる。

第二に、価値には、経済倫理的なイデオロギーが含まれているということである。すなわち、リベラリズムや共同体主義、功利主義といった経済倫理的なイデオロギーを価値内容として取り上げているのである。

第三に、いずれの類型化においても価値判断の指導を組み込んだ授業構成を提示できておらず、実践においてそれら価値を露わにする、つまり価値を炙り出すことができてはいない。

以上の特質より、社会科授業におけるイデオロギーの扱いについて以降、考察していくこととする。

第３節　橋本努による包摂主義の観点を基軸とした価値類型

１　現代に相応する価値類型の在り方

先に示した価値の類型化における先行研究より、価値にはイデオロギーが含まれていることが明らかとなった。本研究では、小学校社会科の価値判断学習において扱う価値の整理を試みる。そのためには、先行研究同様、類型化の枠組みが必要である。本研究ではこの枠組みを橋本努の価値理論に注目することとした。

橋本は、温情的な介入を是とする包摂主義の観点を基軸とした分類が、21 世紀のイデオロギーを捉えるための理論装置である[18]としている。20 世紀の主要イデオロギーとして、新保守主義（ネオコン）、新自由主義（ネオリベ）、リベラリズム（福祉国家型）、国家型コミュニタリアニズム、地域コミュニタリアニズム、リバタリアニズム（自由尊重主義）、マルクス主義、平等主義の８つを類型としてあげている。しかし、イデオロギーは時代と共に変化していると述べ、新たな観点から別の分類軸にてアプローチすることを提唱している[19]。具体例の一つとして橋本は、新聞やニュースで話題になっている問題でのリベラリズムの矛盾を指摘している。橋本が提示した「たばこを規制すべきか」については、リベラリズムの立場であっても全く正反対の政策を主張する可能性を指摘している。リベラリズムの立場では、人々が既存の伝統や慣習から解放さ

包摂主義	1　組織管理（祭司型）
	2　組織協同（主体化型）
非包摂主義	3　個別尊厳（ヒューマニズム型）
	4　個別責任（サバイバル型）

図 1-3 包摂主義と非包摂主義の諸類型（橋本努『経済倫理＝あなたはなに主義？』講談社，2008 を参考にして、作者加筆変更したもの。括弧内は橋本による表現）

れて、自立した主体になることを目指している[20]。先の「たばこを規制すべきか」の問題では、たばこを規制すべき立場を政府としたとき、政府の介入政策が人々の自立を促すのであれば、リベラリズムの立場においては賛成である。しかし、分煙を進め、政府が喫煙者の権利を認めた場合、リベラリズムの立場はそれをも賛成の立場とする。つまり、主要なイデオロギーの一つであるリベラリズムであっても、どちらの見解でもいいという曖昧な主義主張であることを指摘している。

橋本は先の指摘より、客体に対しての介入の在り方が社会的包摂を伴うかどうかを基軸として４類型を提示している。本研究では橋本の４類型を価値判断学習のフレームワークとして採用する。小学校社会科の授業において、児童の関心が高い問題や地域素材を学習課題として扱うのが通常である。橋本の４類型は先の述べたように現代の課題を分類していることから、適切であると判断する。また、後に示す実践において、リベラリズムの立場で通常、社会的論争問題や今日的な課題について考えさせる実践がある。よって、リベラリズムの曖昧さを指摘している橋本の分類は有効であると判断する。ただし、橋本は介入する立場を政府や国家としているが、小学校社会科において政府や国家という認識で指導を行うのは６学年公民分野に限定されるため、ここでは組織と読み替えている。また、本研究においては類型に意味合いを含めたため、図1-3のように、橋本の類型とは異なる表現にて示した。

２　包摂主義の観点を基軸とした価値類型の特質

本研究における包摂とは、一般に社会に包み込むこと[21]であり、社会的包摂のことである。先に示したように、本研究では橋本の４類型を価値判断学習のフレームワークとして採用し、類型化した。類型では包摂主義の観点を基軸とし、価値を２つに大別している。一つは包摂主義である。包摂主義とは温情的な介入主義のことである。これに対して非包摂主義とは、非温情的な不介入主義である。橋本は、この類型が政府による介入の有無についての区分ではない[22]ことを述べている。本研究に準えて述べると、不介入主義では組織の恣意的な介入を拒否するが、対象となる市民の生活を条件付ける点（制度や整備等）において、一定の介入を認める。つまり、介入よりも、温情的かどうかにその視点をゆだねている。一方、包摂主義では組織による恣意的な介入を認め、それは温情的な介入となる。

また、価値判断学習の類型化は先に示したように４類型となる。つまり包摂主義と非包摂主義は、それぞれ２つに細分された価値となる。

包摂主義は、組織が対象となる市民をどのように包み込むのかにより、組織管理と組織協同に分ける。組織管理は、組織が慈愛的に市民に接し、組織に依存させながら市民を管理していこうとする価値となる。これに対して、組織協同は、組織が対象となる市民の主体化を目的として介入する価値となる。先の組織管理との違いは、対象となる市民に対し、組織に依存しなくても生きていけるように主体的で自立した人間を育てようとする点である。

対して非包摂主義は、非温情的な組織が個人に対しどのように尊重していくのかにより、個別尊厳と個別責任に分ける。個別尊厳は、組織が個人の尊厳を傷つけず、非権威的な態度で接する価値となる。例えば、少数派に対する差別を認めず、尊厳ある生き方を送れるよう保障する。その点において、組織の介入を認めている。最後に個別責任であるが、組織が対象となる人々に対し、たくましく生きていくように求めるという価値とする。つまり、自己責任の原則による生きる力の育成を願うものとなる。

３　価値類型に基づいた小学校社会科授業実践

図 1-3 に示した４類型により、小学校社会科の価値判断学習による授業実践を当てはめていく。つまり、20 世紀の主要イデオロギーとして、新保守主義（ネオコン）をはじめ８つの類型を用いるのではなく、時代と共に変化するイデオロギーに対し、包摂主義の観点を基軸とした価値の類型にて小学校の社会科価値判断学習の整理を試みる。対象とした授

業は、今世紀の課題として取り上げることが可能なものを題材として扱っている。しかし、ここで明言しておきたいのは、特定のイデオロギーを児童に注入するのではなく、あくまで、授業の中で児童が気付きにくい価値に、知的に気付かせていくことである。そして、筆者が実際に授業づくりを行ったもので、指導若しくは参観した授業のみを扱う。つまり、実際の指導の様子及び児童の姿を基に研究を進めていくことに重きを置く。

第４節　小学校社会科における価値判断学習の特質

以上、小学校社会科における価値判断学習の類型について論述し、授業を通して児童がより望ましい生き方について探究できるようにするために、包摂主義の観点を基軸とした４類型を提案した。

ここでは先行研究分析より、価値判断学習の類型化とその課題を明示した。具体的には、①幸福と正義、②言説、③社会制度構造から類型化できる。これら類型からは価値を扱う際に、イデオロギーについて考慮せざるをえないことが明らかとなった。

また、の思考に沿った価値判断学習の類型化や、時代の変化に応じた価値類型の必要性が課題である。よって価値判断学習では、国家や地方公共団体による温情的な介入主義としての包摂主義の立場や、非温情的な不介入主義の立場を考慮した授業開発を行うことが適切である。その実践より、学習者の思考に沿い分析を行い、授業開発の有効性を明らかにすることの大切さについて言及した。

よって、包摂主義の観点を基軸とした小学校社会科における価値判断学習の授業開発を行い、実践及び分析を行い、その特質を明らかにしていくこととする。

註

[1] 佐長健司「社会科授業における価値判断指導の検討」全国社会科教育学会『社会科研究』第65号, 2006, p41
[2] 前出１では幸福をJ・ベンサムの最大多数の最大幸福を用いて説明していることから、功利と同義であると捉える。
[3] 本論第二章以降に提示した実践及び先行研究を含め、以下に示すもの等もあげられる。星英樹「摺上川ダム建設の是非について話し合うことで摺上川ダムのよさをより深く認識することができる授業」福島大学附属小学校『研究公開要項』2012, pp.94-95, 猪瀬武則「小学校社会科における実践的意思決定能力育成「雪国のくらしーロードヒーティングをどこに作るか？」の場合」弘前大学教育学部『クロスロード』第８号, 2004, pp.9-18, 前重幸美「「分業」を視点とした社会科教科内容の検討と授業設計ー小学校第５学年「日本の農業問題」を事例としてー」社会系教科教育学会『社会系教科教育学研究』, 1996, pp.23-28
[4] 渡部竜也『アメリカ社会科における価値学習の展開と構造』風間書房, 2015, p25
[5] 大杉昭英「社会科における価値学習の可能性」全国社会科教育学会『社会科研究』第75号, 2011, p2
[6] 岩田一彦他『「言語力」をつける社会科授業モデル小学校編』明治図書出版, 2008, p18
[7] 前出3, p28
[8] 森分孝治「市民的資質育成における社会科教育ー合理的意思決定ー」社会系教科教育学会『社会系教科教育学研究』第13号, 2001, p50
[9] 大杉昭英「社会科における価値学習の可能性」全国社会科教育学会『社会科研究』第75号, 2011, p1
[10] 文部科学省『平成20年度版小学校学習指導要領』東京書籍, 2008, p16
[11] 前出2
[12] 前出1, p42
[13] 同上
[14] 岩田『小学校社会科の授業設計』東京書籍, 1991, pp.54-55
[15] 前出3, pp.34-37
[16] 前出4, p3
[17] 塩野谷祐一『経済と倫理ー福祉国家の哲学』東京大学出版会, 2002, pp.7-8
[18] 橋本努はリベラリズムの台頭より、包摂主義の観点を基軸とした分類が21世紀のイデオロギーを捉えるための理論装置であるとしている。橋本『経済倫理＝あなたはなに主義？』講談社, 2008, p20
[19] 同上, p114

[20] 同上，p74
[21] 阿部彩『弱者の居場所がない社会　貧困・格差と社会的包摂』講談社，2011，p4
[22] 前出 16，pp.116-117

第2章

包摂主義内輻輳型授業の開発

本章では小学校社会科の価値判断学習において、中心価値が包摂主義内で輻輳する授業開発を行い、実践及び分析を通して、その特質を明らかにする。

本章は3節からなっている。第1節では包摂主義内型授業の概要について説明する。第2節では包摂主義の組織管理と組織協同が輻輳する授業開発を行い、実践及び分析を通して、その特質を明らかとする。実践は、財の配分かケイパビリティーの拡充かを問う「青年海外協力隊の支援の在り方について」（第6学年）である。第3節では以上の実践及び分析より、包摂主義内輻輳型授業の特質を提示する。

第１節　包摂主義内輻輳型授業の概要

本節では、包摂主義内において輻輳する価値の概要を提示する。先に示したように、本研究では橋本努の４類型を価値判断学習のフレームワークとして採用し、図2-1のように類型化した。類型では包摂主義の観点[1]を基軸とし、価値を２つに大別している。一つは包摂主義である。包摂主義とは温情的な介入主義のことである。もう一つの非包摂主義とは、非温情的な不介入主義である。

包摂主義は、組織が対象となる市民をどのように包み込むのかにより、組織管理と組織協同に分ける。組織管理は、組織が慈愛的に市民に接し、組織に依存させながら市民を管理していこうとする価値となる。これに対して、組織協同は、組織が対象となる市民の主体化を目的として介入する価値となる。先の組織管理との違いは、対象となる市民に対し、組織に依存しなくても生きていけるように主体的で自立した人間を育てようとする点にある。

上記、包摂主義は２種類に分けられるため、価値は組織管理と組織協同となる。次節以降、これらの価値を設定した授業開発を行い、実践及び分析より、その特質を明らかにする。

包摂主義	1　組織管理（祭司型）
	2　組織協同（主体化型）
非包摂主義	3　個別尊厳（ヒューマニズム型）
	4　個別責任（サバイバル型）

図2-1 包摂主義と非包摂主義の諸類型（再出）（橋本努『経済倫理＝あなたはなに主義？』講談社，2008を参考にして、作者加筆変更したもの。括弧内は橋本による表現）

第２節　組織管理と組織協同を設定した内容編成

１　価値の概要

本節では、包摂主義の組織管理と組織協同を価値として設定した授業開発を行い、実践及び分析を通して、その特質を明らかにする。先に述べた通り、組織管理は組織が慈愛的に市民に接し、組織に依存させながら市民を管理していこうとする価値である。また、組織協同は、組織が対象となる市民の主体化を目的として介入する価値となる。先の組織管理との違いは、対象となる市民に対し、組織に依存しなくても生きていけるように主体的で自立した人間を育てようとする点である。

上記２つの価値について橋本は、現代に相応する課題としてたばこ規制問題を例に掲げ、根拠及び選択するべき姿勢を考察している。組織管理については、たばこの規制に賛成する[2]としている。それは、たばこには害（依存性・有害性等）があることから、広告によって消費を煽るようなことを避けるという行動を選択するからである。また、依存症に陥った者に対しては、治療面で手厚く施すといった行動を選択する。対して組織協同は、この問題について「できるだけ主体的になれるように」という観点から規制を試みる[3]と述べている。それは、たばこをやめたいと思う人に対しては主体的・自立的にやめるためのプログラムを施すべきという姿勢を選択するからである。この橋本の例からも、価値については、選択するべき姿勢と根拠を明らかにしていくことが重要である。

２　財の配分かケイパビリティーの拡充かを問う
―青年海外協力隊の支援の在り方について（第６学年）―

本項では、前項にて提示した包摂主義を、組織管理と組織協同の価値で設定した授業開発を行った。具体的には、青年海外協力隊の支援のあるべき姿を考える、第6学年公民分野の授業である。

本実践にて扱う価値は、次の通りである。包摂主義のうち、強者である組織が慈愛心をもって弱者となった市民に接し、全体を統治しようとする組織管理と、対象となる市民に対し、組織に依存しなくても生きていけるように主体的で自立した人間を育てようとする組織協同を価値とする。本実践の場合、日本のODAの姿勢として、財の配分による支援が組織管理となり、ケイパビリティーの拡充を願う支援が組織協同となることを明示的に追究させていく。つまり、先に述べた価値観を教え込むのではなく、知的に気付かせ、考えさせていくことを目的としている。

本項では、上記構想に基づき構成した青年海外協力隊の支援の在り方についての実践を提示する。はじめに授業計画を提示し、単元及び本時の構想を明らかにする。次に授業の発話記録や言語活動の成果より考察し、本実践の成果を明らかとする。

(1)　内容構成の視点

ア　価値判断学習の課題

小学校社会科では、社会的論争問題に対してどのような判断をしていけばよいかについての価値判断をせまる授業は行われてきた。しかし、本章で扱う包摂主義を価値とした先行研究は見当たらないが、包摂的な考え、つまり正義を価値とした実践については小学校社会科においても見受けられる。特に、小学校社会科で扱われる行政機能や公共施設の役割や仕組みを学ぶ際、政策決定の是非を功利と正義の価値対立で扱う実践[4]が行われている。

これらの実践における児童の功利についての判断根拠は、「少しでも多くの人々が幸せになるように」と考える立場であり、いわばJ・ベンサムの最大多数の最大幸福を具現化した意見である。それに対し正義は、「一部の人たちが悲しい思いをするようなことをなくしたい」と考える立場であり、J・ロールズの正義を具現化している[5]。しかし、この正義を扱う際に次の2つの問題が懸念される。

第一に、児童の正義の実現方法が財の配分に偏りがちであることだ。功利を実現する際に生じる、いわゆる「割を食う」少数の人々に対し、単に補助金や助成といった財の配分で済ます判断を児童が行ってしまうことである。これは第５学年の農業にて、減反政策や緊急需給調整を扱う際、政府による補償金や交付金といった制度を指導することで、その様子は顕著となる。

第二に、授業者が功利や正義の価値について内容を十分吟味しないまま取り組んでいることだ。これは授業者が社会的論争問題にて価値を扱う場合、価値は自明であるとし、漠然とした価値の扱いや判断を促してしまっていることに起因する[6]。物事の決定について「平成20年度版中学校学習指導要領解説社会編」では、その運用上、十分な説得と討論、言論の自由の保障、反対意見や少数意見の尊重、多数決であっても決めてはならないことがある[7]、と注意を促している。小学校社会科においても、上記の問題を念頭に置きながら授業を構成する必要がある。

この少数の人々に対して包摂主義的な考えで温情的に介入する価値には、先に述べた組織管理と組織協同の２つがある。前者は、少数の人々に対して、財の配分に主眼を置いた場合、組織管理となる。後者は、財の配分のみに留まらず、主体的で自立した人間の育成まで考えると組織協同となる。ここでは後者までを児童に考えさせるため、A・センのケイパビリティーアプローチを用いる。ケイパビリティーアプローチとは個人の福祉を「達成された機能」ではなく、「達成するための自由」で評価しようという考え[8]である。ある個人が福祉を達成するための手段（自由）をいくらもっているか（＝潜在能力）を考え、手段（自由）を拡充させることが不平等の是正に繋がるという考えである。これは児童の、いわゆる「割を食う」人々に対する手の差し伸べ方について、単に財の配分にて終始させず、ケイパビリティーの側面より勘案できるよう思考を拡充させるためである。

そこで、正義を財の配分にのみ終止せず、具体的な支援を児童に考えさせるためにケイパビリティーアプローチを用いた実践を提示する。実践は、小学校第６学年公民分野「我が国の国際協力の在り方」の学習である。ここでは組織管理と組織協同を価値として扱うが、価値観を注入するのではなく、知的に気付かせ検討できるようにした。

イ　ケイパビリティーアプローチによる価値明確化

本研究では、小学校社会学習の価値を考えさせる上で組織管理と組織協同を設定する。もちろん、それは特定の価値観を注入しようとするものではない。組織管理と組織協同という価値に知的に気付き、考えていくことができるようにすることに主眼がある。

小学生の発達段階において捉えさせたい包摂主義的な立場には、正義がある。ここでの正義とはロールズに代表される格差原理であり、最も恵まれていない人たちの福利を規準とする考え方である。正義は「一部の人が自由を喪失したとしても残りの人びとどうしでより大きな利益を分かち合えるならばその事態を正当とすることを、正義は認めない[9]」とする考え方である。つまり正義は、不遇な人たちに照準を合わせている。

不遇な人たちへの包摂主義的な実現例として、災害に対し補償金や義援金という形での財の配分といった形での被災者への援助がある。しかし、組織管理の財の配分のみでは、地域の衰退や就業継続の危機といった状況に晒されているケースも見られる。例えば1993年の北海道南西沖地震での北海道奥尻島の青苗地区には190億の義援金により再建を行った。しかし、義援金を復興で使い切り、人材育成基金のような残し方ができなかったため、現在は人口減少と商店街の売上げ低迷に苦しんでいる[10]。これは先に述べた、児童の正義の実現方法であり、最も恵まれていない人たちの福利を財の配分のみで解決しようとする姿と同様である。

センはこのような帰結（＝財の配分）を重視するロールズの正義に対し疑問視している。それは、ロールズの考えが財の平等的分配の主張に留まっている[11]点である。このことについてセンは、ケイパビリティーを拡充させる可能性を整えることで不平等の社会的格差を是正することができる[12]とし、正義の新たな視点としてケイパビリティーアプローチの有効性を述べている。よって本研究では、組織管理のような財の配分に終始する児童の考えに対し、組織協同のように弱者が主体的に生きられるようその手立てを考えさせていきたい。そのために、ケイパビリティーアプローチを用いることで価値を明確化させ、知的に価値に気付かせるようにする。

(2)　価値の設定

先に示した包摂主義を小学校社会科授業にて設定した先行実践は見当たらないが、正義を価値とし設定した先行実践として、３つの実践を取り上げる。それらは、全てが正義にふれているわけではない。しかしながら、正義に関する萌芽的な取組を読み取ることができる。

第一の実践は、日本の累進課税制度から配分的正義を児童に考えさせた平川公明の「わたしたちのくらしと憲法」（小学校社会科第６学年）を取り上げる。この授業は、基本的人権における法の下の平等を形式的平等と実質的平等[13]の観点から児童に考えさせた実践[14]である。児童は低・中・高所得者と国会議員とに分けられた役割分担よりロールプレイを行い、それぞれの所得層の立場から、均等税制度か累進課税制度かの選択を話し合うことで、配分的正義に気付いていく展開としている。この実践では、児童のこれまでの単純素朴な認識としての形式的平等がその全てではなく、累進課税制度に代表されるような国民それぞれの収められる能力に応じて負担する配分的正義もまた平等であることについて具体を用いて理解させていることに意義がある。

しかし、本実践においては価値の設定はされているものの、配分的正義はあくまでロールズによる財の平等的分配の主張の範疇に留まっており、ロールプレイを通した話合いでは低所得者層への支援といった具体的な方策は示せていない。

第二の実践は、八ッ場ダム建設の是非を問うた岩坂尚史の「政治的リテラシーを涵養する社会科学習」（小学校社会科第５学年）を取り上げる。この授業は、ダムの効能と自然環境に与える影響、住民移転問題を実地踏査や資料等を用いてダム建設の是非を問うことで、様々な立場の人が幸せになれる条件（政治的リテラシー）を児童に考えさせることを目的とした実践[15]である。本実践は、利水・森林の役割・治水・工事費用・住民の気持ち・自然環境という様々な観点から考えさせることで、多様な価値観の存在を認識させるとともに、社会における合意形成の大切さを身に付けさせることにその意義がある。

しかし、本実践において価値は設定されておらず、価値を自明のものとして賛成・反対を問うている。また、輻輳する価値の整理がなされてないまま児童にその是非を問うているため、本来比較できない要因である「住民補償」「動物の保護」「住民のいないところにダムを造る」等を羅列・対比して話し合わせ、是非の基準がその場の雰囲気で決められてしまっている。

第三の実践は、市井の多数者の厚生配慮か、社会的弱者の権利の優先配慮かを勘案させた猪瀬武則・相馬昌久による「雪国のくらし」（小学校社会科第５学年）を取り上げる。この実践では、積雪地域内の坂道に、ロードヒーティングを設置する優先順位を児童に考えさせることを通して、実践的意思決定能力の育成をねらっている[16]。児童は、概念と価値を明確化し、感情のディマケーション（自己利益的感情と価値関係的感情）をメタ認知することで、より望ましい意思決定の正当化ができる、としたのである。具体的には、弘前市のロードヒーティング整備計画から候補地を選択する話合いを行わせ、その後、選択した理由がどのような感情に基づいているのかを分析させ、判断させるという展開となっており、児童自身の意思決定の正当化を図らせようとしている点に意義がある。

しかし実践では、通院する病人や高齢者へ等、手を差し伸べなければならない人々へ配慮する少数の児童の意見が十分に吟味されることなく、団地に住む大多数の人々の利便を重視すべきとする多数派の意見の表明に終わり、不遇な人々への配慮や意見の汲み上げが十分とは言えない。それは、正義を想定していても感情を根拠とした価値明確化ゆえに、話合いの中で少数者の意見が多数決の原理によって無視される展開となっている。

以上の先行研究では、いずれも、社会科において価値判断を重視し、学習者の価値判断能力（意思決定能力）の育成を目指している。しかし、価値を扱う上での設定や正義の「意味」の吟味、不遇な人々への具体的な配慮などが不十分である。

そこで、包摂主義的な考えから、不遇な人々への自立を支援できる組織協同を具体的に考える児童の育成を目指し、小学校社会科におけるケイパビリティーに着目した授業開発を行い、その実践を提示し考察する。

(3)　単元名

国際連合のはたらきと日本人の役割（第６学年）

(4)　指導に当たって

小学校学習指導要領解説第６学年２内容（３）では「グローバル化する世界と日本の役割について、学習の問題を追究・解決する活動を通して、次の事項を身に付けることができるよう指導する。」と示されている。

本時では、国際理解の中で、海外青年協力隊の活動を通して国際協力を行っている様子を取り上げ、世界の平和や発展のために貢献していることを取り扱う。その際、協力隊経験者をゲストティーチャーとして招聘し、具体的な事例をもとにしながら進める展開と

図2-2 放課後クッキーを売りに来るチナ（左）学校に行っていない裸足のラウル（右）本実践ゲストティーチャー撮影

した。それらを通して、発展途上国に住む貧困者に対し必要な支援とは何かを具体的に考えさせることを目的とした。

本時において扱う事例は、ゲストティーチャーが派遣先のホンジュラスにて出会ったクッキーを売りに来る子ども[17]と、貧しく学校に通っていない子ども（図2-2）である。これら生活費を稼ぐために働く子どもは、学習対象の児童と同程度の年齢であることから、児童が登場人物の状況を具体的に想像しやすいと考えられ事例として取り上げた。学習対象の児童が生活費を稼ぐために働く子どもに対し、財の提供により問題を解決しようとする場面において、ケイパビリティーアプローチを意識した発問を授業者が行うことで、児童の思考を促した。

さらに、自助努力の観点からクッキーを購入しなかった協力隊員の行動を通して、青年海外協力隊の目的と我が国の世界との関わり方を理解させる。また自助努力の促進を目指すことが、ケイパビリティーに含まれる移動・衣食住・社会生活への参加のような、人間にとって基本的な営みを拡充させることと同義であると捉え、ホンジュラスの子どもに対して学校へ通わせる、教育の無償化など学びの保証について具体的な支援を考えさせる展開とした。

（5）　単元の目標

世界において経済的に豊かな我が国は、国連の運営や援助等を通して様々な国の発展に寄与していることから、国際社会において重要な役割を果たしていることが分かるようにする。そして、発展途上国への具体的な支援の在り方について、考えることができるようにする。

(6)　単元の指導計画（全6時間）

時	主　な　学　習　活　動　・　内　容
1	・国連憲章から、国連の目的について調べる。
23	・国連の働きや役割について考える。
4	・スポーツや文化を通した国際交流について考える。
5 本 時	・日本の国際協力について関挙げる。 なぜ堤隊員は、チナさんのクッキーを買ってあげなかったのだろうか。 ・自助努力について考える。 学校に行っていないラウルさんには、どんな手立てが必要なのだろうか。 ・話し合った後、様々な協力の在り方について理解する。
6	・地球市民としてできることを考える。

(7)　本時の目標

・青年海外協力隊の役割が、現地の人々の自助努力の促進を目的とする[18]活動であることから、現地の人にとって必要な支援を行っていることが分かるようにする。

・貧困者への具体的な支援の在り方について、自助努力の観点から考えることができるようにする。

(8)　本時における価値の設定

本実践で設定する価値について、以下の表2-1に示す。価値についてはそれぞれ選択するべき姿勢及び根拠についても提示する。

表 2-1 本時における価値、根拠及び姿勢

価値	姿勢及び根拠
組織管理	貧困層への資金直接配布による救済 ・財の分配を重視。
組織協同	貧困層への自立促進 ・ケイパビリティーの拡充を重視。

(9)　本時指導案（5／6）

主な発問・指示	予想される児童の反応	留意点　◎評価	資料
・「日本に援助して欲しい国」への協力の仕方について考えよう。	・国連に協力する。 ・直接援助する。	・ODA についての理解を図る。	
・ゲストティーチャーの体験談から考えよう。	・クッキーを全部売り切らないと家に帰れないなんてひどいな。 ・自分だったら買ってあげる。	・派遣先のホンジュラスにて出会った、親が作ったクッキー（５円）を売り切らないと家の中に入れてもらえない子ども（チナさん）のエピソードを紹介する。	世界地図 現地女子の写真

なぜ、堤隊員はチナさんのクッキーを買ってあげなかったのだろうか。

・予想しよう。	・そこから隊員がいなくなったら、生活できないから。 ・個人的にクッキーが嫌いだから。 ・いつも買う羽目になるから。		
・青年海外協力隊の目的を理解しよう。	・だから堤隊員は、クッキーを買ってあげなかったんだ。	・派遣されない国になって欲しいという隊員の願いを伝える。 ・児童の発言を基に、協力隊の役割が現地の人々の自助努力の促進であることを説明する。	
・ゲストティーチャーの体験談から考えよう。	・学校に行けない子どもっているんだ。	・派遣先のホンジュラスにて出会った、貧しく、学校に行けない子ども（ラウルさん）を紹介。	

学校に行っていないラウルさんには、どんな手立てが必要なのだろうか。

・手立てを考えよう。	・お金をあげればいい。 ・親にお金をあげればいい。	・自助努力の観点に気付くよう、話し合わせる。	現地男子の写真

		・単に財の配分だけでは問題が解決しないことに気付かせるようにする。	
	・自助努力できるように、学校に行かせればいい。 ・親も子どもを学校に行かせられないんだから、親も収入が得られるようにしてやらないとだめだ。		
・考えたことをノートにまとめよう。			

(10)　本時の評価

・青年海外協力隊の役割が、現地の人々の自助努力の促進を目的とする活動であることから、現地の人にとって必要な支援を行っていることを理解している。

・貧困者への具体的な支援の在り方について、自助努力の観点から考えている。

(11)　本時の主な展開

T…主な発問　C…児童の反応　・…主な指示や指導	
T　:「日本に援助して欲しい国」への協力の仕方について考えよう。 C　:国連にいっぱい協力すればいいと思う。 C　:助けて欲しい国とかに直接援助すればいいと思う。 ・ODAについて指導し、協力隊経験者をゲストティーチャーとして紹介する。 C　:どんな国で活動したのですか。 C　:エピソードを教えて下さい。 ・派遣先のホンジュラスにて出会った、親が作ったクッキー（５円）を売り切らないと家の中に入れてもらえない子どものエピソードを紹介する。 T　:自分だったら買うかどうするかを考えよう。 C　:５円だし、買う。(大勢) ・堤隊員はクッキーを買わなかったことを伝える。	発話記録①
なぜ、堤隊員はチナさんのクッキーを買ってあげなかったのだろうか。	
C　:クッキーを好きじゃないから買わなかったんじゃないかな。 C　:毎日クッキーを買う羽目になるから。お金が無駄になると思う。	

C　：青年海外協力隊は発展途上国を発展させるために行っているのだから、個人を支援するんじゃなく、国全体を豊かにするので買ってあげなかった。

C　：こういう時、買ってあげてはいけないという決まりがある。

T　：では、なぜ買ってあげなかったのかを聞いてみよう。

・先進国には派遣がないことや、派遣されない国になって欲しいという隊員の願いを伝える。

・児童の発言をもとに、協力隊の役割が現地の人々の自助努力の促進を目的とすることを説明。

・派遣先のホンジュラスにて出会った、貧しく、学校に行けない子どもを紹介。

学校に行っていないラウルさんには、どんな手立てが必要なのだろうか。

C　：親に、お金を配ればいい。

C　：子どもが働かなくてもいいように、お金をあげればいい。

C　：お金を配るだと、他のものに使っちゃうかもしれないから、教材をあげればいい。

C　：お金や仕事をあげるだけなら、さっきの「自助努力」じゃないんじゃない。

T　：ラウルさんにはどんな支援が必要なのだろうか。

C　：ラウル君には働くための技術を教えてあげればいい。

C　：チナさんのように自助努力が必要なので、教材と少しの資金が必要だと思う。

T　：それは何のためにすることなのか。

C　：ラウルさんが将来働けるように。

T　：お金を配ることでは解決しないのだろうか。

発話記録②

発話記録③

C　：お金がある時は、生活はしていけるんだけれども、もしお金がつきてしまった時に、働けない環境は変わっていないので、お金だけではだめ。
T　：いままで、ラウルさんに将来働けるように自立できるようにと言っているが、家庭にも生活費が必要という意見は、ラウルさん本人だけの話だろうか。
C　：親にも支援が必要。
C　：ハローワークや職業訓練校みたいなところがあればいいのでは。
T　：みんなの意見も参考にしながら、ラウルさんにはどんな支援が必要か自分の考えをまとめよう。

3　実践分析と考察

ここでは、本実践を発話記録と児童のノート記述より分析し、考察を行う。発話記録は、正義の実現方法を財の配分のみで解決しようとしている児童が、ケイパビリティーアプローチを用いることで、その方法に変化が見られた様子を段階的に示す。また、児童の記述はまとめの段階でのノート記述である。

(1)　発話記録による分析

①　正義の実現を財の分配のみで解決しようとしている場面

以下は、協力隊委員であるゲストティーチャーが、毎日放課後クッキーを売りに来る教え子にどのように手を差し伸べるべきか考えさせたで場面の発話記録である。

T…教師の発言　G…ゲストティーチャーの発言　C…児童の発言

G８：これ（写真の女の子が持っているクッキー）、売り物です。１個５円くらいなんだけど、５円っていうのは、村の人にとっても安い物なんだけど、これ、全部売り切らないと家に帰れない。
C12：マッチ売りの少女と一緒じゃん。
G9　：そう、弟と一緒に売り歩いているんだけど、全部売り切るまでに夕方になっても売って歩いているっていうエピソードです。
T9　：クッキーの値段って、いくらかな。
C13：５円。
T10：５円っていうのは（ホンジュラスと日本で）物価が違うけど、どういう値段なの？
C14：普通の値段。
T11：みんなはこのクッキー、買うかな。「買わないよ」と言う人。
C15：【誰も挙手せず首を振る】
T12：買うかな。
C16：【全員挙手する】
T13：なんで買うのかな。
C17：私は、買ってあげないといつまでも売りに歩くことになるから、買ってあげる。
T14：買ってあげるのかな。
C18：私も（C13さんと）同じで、たくさん買ってあげて、早くうちに帰してあげたいので、買ってあげる。
T15：早くうちに帰してあげたい人。
C19：【全員挙手する】
T16：たくさん買ってあげたいかな。

C20：そういうクッキーを買ってあげないとうちに帰れないというのは家計が苦しいということですから、青年海外協力隊なんだから、助けてあげるのがいいのではないのかと思います。
T17：青年海外協力隊なんだから、助けてあげるのが筋なのではということかな。みんなそう思うかな。
C21：思う。【全員挙手する】
T18：今（C20）さんが言った話も分かるかな。
C22：分かる。【全員挙手する】

C16では、正義の実現方法として福利を財の配分のみで解決しようとする姿が全ての児童にうかがえる。特にC17～C22までは、情意を根拠として児童が財の配分に同意していることからも、この時点で、児童の正義の実現方法はロールズの正義の範囲を超えてはいない。つまり、組織管理を選択している姿である。

さらに、青年海外協力隊の役割について、とにかく地域の人々を助けるといった先入観が形成されていることもうかがえる。

隊員はこの後、自助努力の観点からクッキーを購入しなかったことを紹介し、青年海外協力隊の目的と我が国の世界との関わり方を理解させた。そのことで児童は、単なる財の配分が、有効な福利の在り方ではないことに気付いていくようになった。

②　ケイパビリティーアプローチを用いている場面

以下は、学校に通っていないホンジュラスの子ども（ラウルさん）には財の配分のみが必要なのでは無く、ケイパビリティーアプローチが必要だと気付き始めた場面の発話記録である。

T33：お金配ればいいのではないのか。そうすれば、学校通えるのではないかな。
C47：それを使い切ってしまえば、（資金を）追加しなければまただめだから。
C48：それだと自助努力にならないから。

T34：ラウルさんに何があればいいって話ですか。
C49：知識や技術。
T35：それは、将来ラウルさんが「何ができるため」って言っているのだろうか。
C50：仕事。生活していけるため。
T36：お金を渡せば生活していけるのではないのか。
C51：お金がある時は、生活はしていけるんだけれども、もしお金がつきてしまった時に、働けない環境は変わっていないので、お金だけではだめ。
C52：お金があればラウルさんは普通に生活できると思うんだけど、お金が無くなってしまった時に、お金を自分で得ることができないままで、またお金をもらわないとだめになってしまう。だから、将来自立できるように、基礎の技術が必要だと思う。

C47～48から、財の配分だけでは問題を解決できないと言うことに気付いている児童の変化の様子がうかがえる。C51～52はホンジュラスで学校に通っていないラウルさんのケイパビリティーを拡充してやることの大切さを児童が訴えている。つまり、組織協同に気付き始めた姿であり、財の配分だけでは正義の実現が難しいと児童が感じている左証といえる。

③　ケイパビリティーアプローチを保護者にも拡充させている場面

以下は、ラウルさんだけでなくその保護者にもケイパビリティーアプローチを拡充させようとしている場面の発話記録である。

T40：では、親にはお金を配って、ラウルさんには学校に行って貰うというのはどうですか。
C55：親に支援が必要。
T41：親に支援が必要ってどうすることかな。親にお金を配ればいいのかな。

C 56：親にお金を配るのも必要なんですけど、親のお金がないので親も知識とかが必要です。

T 42：親にも、何が必要だって話かな。

C 57：知識。

T 43：親が知識を得られるようにするにはどうすればいいのかな。

C 58：親に勉強教えるボランティアとか。

C 59：仕事しながらでも学ぶとか。

T 44：大人が学ぶ、仕事しながら学ぶっていうこと、あるのかな。

C 60：ハローワークとか。

C 61：職業訓練校とか、職業をやるための技術を学ぶとかある。

上記発話記録は、ケイパビリティーの拡充をラウルさんの保護者へも拡充させようとする考えであり、組織協同を選択している児童の姿である。C56 は貧困の連鎖の存在を確認し、それを断ち切る意味で必要なものは、財の配分ではなく教育であることを、小学６年生なりに述べている。そこから、児童に対する学校が保護者に対するハローワークや職業訓練校という位置付けで語られている。

(2)　まとめの段階でのノート記述記録による分析

本実践においては、単に財の配分を意識した児童に、ケイパビリティーアプローチを意識して授業者が発問し思考させた結果、具体的な支援を勘案した言語活動の様子が見られるようになった。授業前半の自助努力に気付かせる場面では、ほとんどの児童が情意的

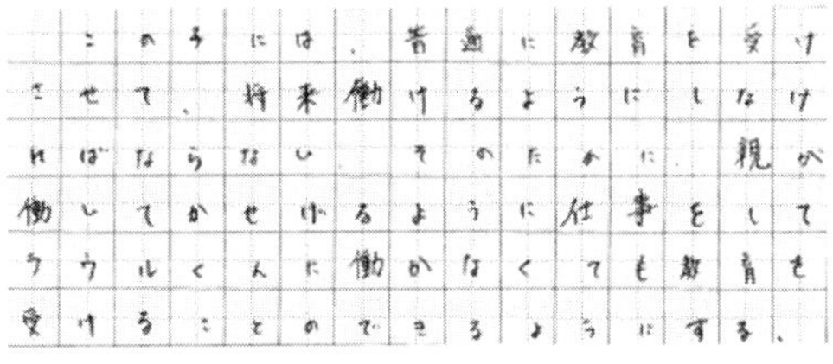

図 2-3 子どもに対してケイパビリティーアプローチを意識している

な面を根拠としてクッキーを購入する、いわゆる財の配分を意識し判断を行っていた。その後、ゲストティーチャーがクッキーを購入しなかった理由から、児童は財の配分で解決せず、自助努力を勘案することができた。

授業後半での学校に行けない子どもに対しての具体的な手立てを考える場面では、子ども（ラウルさん）に働く場所を提供するという児童の意見も見られた。そこで、個のケイパビリティーの拡充を意識し「ラウルさんは、どんなことができるようになればよいのだろうか。」と問うたところ、子ども（ラウルさん）が学校に通えるようにできるようになればいいという図2-3のような意見を述べたり、大人（親）にまで可能性を拡充するという図2-4のような意見を述べたりしている、児童の姿が見られた。

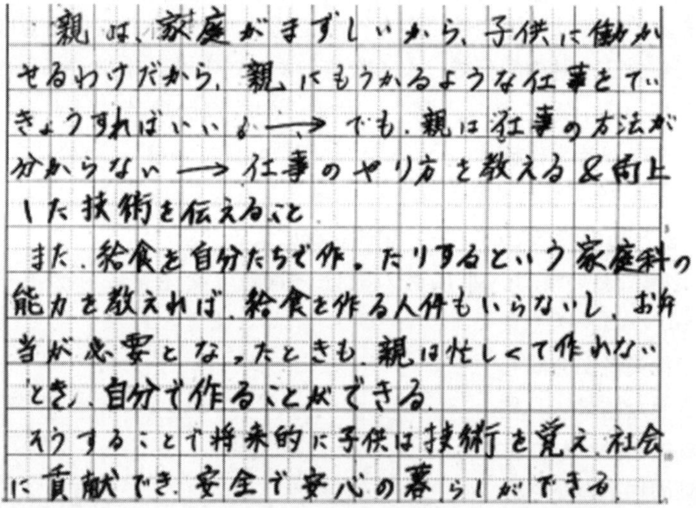
親は、家庭がまずしいから、子供に働かせるわけだから、親にもうかるような仕事をていきょうすればいいよ→でも、親は仕事の方法が分からない→仕事のやり方を教える＆向上した技術を伝えること
また、給食を自分たちで作ったりするという家庭科の能力を教えれば、給食を作る人件もいらないし、お弁当が必要となったときも、親は忙しくて作れないとき、自分で作ることができる。
そうすることで将来的に子供は技術を覚え、社会に貢献でき、安全で安心の暮らしができる。

図2-4 大人（親）に対してもケイパビリティーを拡充させている

第３節　包摂主義内輻輳型授業の特質

以上、小学校社会科の価値判断学習において、中心価値が包摂主義内で輻輳する授業開発を行い、実践及び分析を行った。その分析より得られた特質は、以下３点である。

第一に、組織管理と組織協同の価値類型を組み込むことによって、包摂主義内で重層する価値の明確化を図ることができたことである。弱者に対する支援については、J・ロールズに代表されるような財の分配であれ、A・センに代表されるようなケイパビリティーアプローチであれ、いずれも包摂的であり、従来のリベラリズムにおける正義として捉えられる。

しかしながら正義の質は、個人の自立や権利を保障する上で異なっている。ここでのポイントは、児童の目線・関心の範囲が「財や資源の充足」から「ケイパビリティー（生き方）の実現」に広がったことである。経済的弱者へ財の配分は見えやすく即効性があるから、具体的な提案に結び付く。一方、教育をはじめとしたケイパビリティーの実現は、即効性と抽象性から児童にとって高度な価値である。しかし、本実践における取組により、リベラリズム内で重層する価値を明確化させることが可能となる価値類型の有効性が確認できた。

第二に、組織管理と組織協同の価値類型の重層性により、アクティブ・ラーニングの視点をいかした授業を開発することができた点である。先にも示したとおり、児童は、ODA による財の配分のような具体のあるモノや資源については気付きやすい。しかし、価値類型を用いた学習指導方法の深化により、コトや時間などの抽象性の高い考えが出され、児童にその視点が生み出された。よって、小学校社会科教科書に記載されているような指導では気付けなかった組織協同について、児童自らの主体的な課題設定が可能となった。つまり、アクティブ・ラーニングの視点をいかした授業開発を可能とした。

第三に、組織管理と組織協同の価値類型より価値の明確化がなされ、教師が児童に対し適切に発問及び指示ができるようになったことである。二項対立のような社会論争問題を用いた場合と違い、この授業は価値が重層している。よって教師自身が、児童に知的に気付かせたい価値を把握し指導に当たることで、組織管理に気付いているものの組織協同に気付きづらい児童に、適切な発問及び指示を指導にいかす授業を可能とした。

註

1 橋本努は、包摂主義について経済活動を倫理的な観点から包摂すると述べている。橋本『経済倫理＝あなたはなに主義？』講談社，2008，p54

2 同上，p131

3 同上，pp.131-132

4 本節で提示した３点の先行研究を含め、以下に示すもの等もあげられる。星英樹「摺上川ダム建設の是非について話し合うことで摺上川ダムのよさをより深く認識することができる授業」福島大学附属小学校『研究公開要項』2012，pp.94-95，前重幸美「「分業」を視点とした社会科教科内容の検討と授業設計―小学校第５学年「日本の農業問題」を事例として―」社会系教科教育学会『社会系教科教育学研究』，1996，pp.23-28

5 佐長健司は最大多数の最大幸福を用いて「社会は幸福を目的として追求するので、幸福は社会的な価値となる。」としている。また、正義についてはロールズより「社会は正義を目的として追求するので、正義は社会的な価値となる。」と明記している。佐長「社会科授業における価値判断指導の検討」全国社会科教育学会『社会科研究』65号，2006，pp.41-42

6 秋田真「価値判断学習としての小学校社会科の経済教育―功利と正義の視点を通して―」経済教育学会『経済教育』34号，2015，p164

7 文部科学省『平成20年度版中学校学習指導要領解説 社会編』Web版，p13

8 Ａ・セン『不平等の再検討』岩波書店，1999，p7に記述されているが、詳しくは同書p60を参照されたい。

9 Ｊ・ロールズ（川本隆史他訳）『正義論改訂版』紀伊國屋書店，2010，p6

10 朝日新聞「過去の震災、教訓は　新潟・奥尻・神戸を訪ねる」2012年3月13日岩手県版朝刊p27記事より

11 Ａ・セン『合理的な愚か者』勁草書房，1989，p289

12 同上，pp.289-290

13 芦部信喜は、形式的平等とは全ての個人を法的に均等に取り扱い、その自由な活動を保証するといった観念であるとし、実質的平等とは、社会的・経済的弱者に対してより厚く保護を与え、それによって他の国民と同等の自由と生存を保証する観念であるとしている。芦部『憲法（第三版）』岩波書店，2002，p122

14 平川公明「第６学年１組社会科指導案」弘前大学教育学部附属小学校『公開研究発表会【学習指導案集】』弘前大学教育学部附属小学校，2009，pp.76-85

15 岩坂尚史「政治的リテラシーを涵養する社会科学習―第５学年「八ッ場ダム」実践からの考察―『研究紀要』お茶の水女子大学附属小学校2015，pp.1-18

16 猪瀬武則「小学校社会科における実践的意思決定能力育成　雪国のくらし―ロードヒーティングをどこに作るか？―の場合」弘前大学教育学部『クロスロード』

第 8 号，2004，pp.9-18

[17] 本論文内では「児童」と表記しているが、授業に参加しているいわゆる児童との混同を避けるため、素材となったホンジュラス少年及び少女については「子ども」と表記した。

[18] 公益社団法人青年海外協力協会「協力隊に参加したい方」より http://www.joca.or.jp/participation/（2015/11/18 確認）

第３章

非包摂主義内輻輳型授業の開発

本章では小学校社会科の価値判断学習において、中心価値が非包摂主義内で輻輳する授業開発を行い、実践及び分析を通して、その特質を明らかにする。

本章は３節からなっている。第１節では非包摂主義内型授業の概要について説明する。第２節では非包摂主義の個別尊厳と個別責任が輻輳する授業開発を行い、実践及び分析を通して、その特質を明らかとする。実践は、我が国の選挙における女性議員の実質的平等か形式的平等かを問う「議員クオータ制実現の是非について」（第６学年）である。第３節では以上の実践及び分析より、非包摂主義内輻輳型授業の特質を提示する。

第１節　非包摂主義内輻輳型授業の概要

本節では、非包摂主義内において輻輳する価値の概要を提示する。先に示したように、本研究では橋本努の４類型を価値判断学習のフレームワークとして採用し、図3-1のように類型化した。類型では包摂主義の観点[1]を基軸とし、価値を２つに大別している。一つは包摂主義である。包摂主義とは温情的な介入主義のことである。もう一つの非包摂主義とは、非温情的な不介入主義である。

非包摂主義は、非温情的に組織が市民をどのように尊重していくのかにより、個別尊厳と個別責任に分ける。個別尊厳は、組織が市民の尊厳を傷つけず、非権威的な態度で接する価値となる。例えば、少数派に対する差別を認めず、尊厳ある生き方を送れるよう保障する。その点において、組織の介入を認めている。対する個別責任であるが、組織が対象となる市民に対し、たくましく生きていくように求めるという価値とする。つまり、自己責任の原則による生きる力の育成を願うものとなる。

上記、非包摂主義は２種類に分けられるため、価値は個別尊厳と個別責任となる。次節以降、これらの価値を設定した授業開発を行い、実践及び分析より、その特質を明らかにする。

包摂主義	1　組織管理（祭司型）
	2　組織協同（主体化型）
非包摂主義	3　個別尊厳（ヒューマニズム型）
	4　個別責任（サバイバル型）

図3-1 包摂主義と非包摂主義の諸類型（再出）（橋本努『経済倫理＝あなたはなに主義？』講談社，2008を参考にして、作者加筆変更したもの。括弧内は橋本による表現）

第２節　個別尊厳と個別責任を設定した内容編成

１　価値の概要

本節では、非包摂主義の個別尊厳と個別責任を価値として設定した授業開発を行い、実践及び分析を通して、その特質を明らかにする。先に述べた通り個別尊厳は、組織が市民の尊厳を傷つけず、非権威的な態度で接する価値である。例えば、少数派に対する差別を認めず、尊厳ある生き方を送れるよう保障する。その点において、組織の介入を認めている。そして個別責任は、組織が対象となる市民に対し、たくましく生きていくように求めるという価値である。つまり、自己責任の原則による生きる力の育成を願うものとなる。

上記２つの価値について橋本は、現代に相応する課題としてたばこ規制問題を例に掲げ、根拠及び選択するべき姿勢を考察している。個別尊厳については、喫煙者の自由を認める主張を行う[2]としている。それは、喫煙に対して国家が介入するというのは、喫煙者の尊厳を傷つけるといった観点によるとしている。また、たばこの煙によって被害を受ける人たちの権利も守りたいと願うことから、分煙による市民の共存を図る姿勢を選択する。対して個別責任においても、この問題については自由と規制が混在する[3]と述べている。それは、終日禁煙とすることで生産性を上げ、手を抜かず、労働するといったたくましさを求めるという行動を選択する一方、それ以外においては喫煙を認める行動を選択するからである。この橋本の例からも、価値については、選択するべき姿勢と根拠を明らかにしていくことが重要である。

２　女性議員の実質的平等か形式的平等かを問う
―議員クオータ制実現の是非について（第６学年）―

本項では、前項にて提示した非包摂主義を、個別尊厳と個別責任の価値で設定した授業開発を行った。具体的には、我が国における議員クオータ制導入の是非を考える、第６学年公民分野の授業である。

本実践にて扱う価値は、次の通りである。非包摂主義のうち、組織が市民の尊厳を傷つけず、非権威的な態度で接する個別尊厳と、組織が対象となる市民に対し、たくましく生きていくように求めるという個別責任を価値とする。つまり、本実践の場合、女性議員割合がOECD内でも最下位レベルである我が国において、女性議員の割合を一定数求めることで結果の平等を求めようとするのが個別尊厳となる。一方、性別に左右されず、誰もが一市民として選挙に臨む機会の平等を求めようとするのが個別責任となる。そして、これら価値を明示的に追究させていく。つまり、先に述べた価値観を教え込むのではなく、知的に気付かせ、考えさせていくことを目的としている。

上記構想に基づき、我が国における議員クオータ制の導入の是非を児童に考えさせた実践を提示する。はじめに授業計画を提示し、単元及び本時の構想や児童の実態を明らかにする。次に授業の発話記録や言語活動の成果より考察し、本実践の特質を明らかとする。

（1）　内容構成の視点

本実践における構成の視点は、２点である。第一に、実質的平等か形式的平等かを明示的に追究させることである。第二に、実質的平等と形式的平等の相克において、どちらかの優位性を勘案させることである。

小学校社会科公民分野については、児童が基礎的・基本的な知識、概念が十分に身に付いていない状況[4]が見られる。例えば第６学年「国会の働きと選挙権」といった領域については、単元の配列や選択といった問題があるという報告[5]は、その原因の一つである。このことは、学年の最後に置かれている単元であることから、調べ学習を行うにしても短い時間となってしまうこと。加えて第６学年は卒業学年であり、該当単元実施の頃は、全国の小学校において卒業式の練習や卒業生を送る会といった行事が行われているのが一般的であり、現状の問題をより深刻にさせていることである。よって、児童のみならず教師でさえ、腰を据え学習を進めることが時期的に困難な単元となる。

そこで、本単元については実施を年度末とせず、７月実施とした。実施当時、国会において安全保障関連法案が衆議院にて可決し、各メディアにおいて連日報道が行われていたことからも、児童の国会議員に対する関心が高い時期であったことが単元導入実施の容易さを感じた。また、安全保障関連法案成立に際し、野党議員らが議長に詰め寄る場面もたびたび報道されたが、その様子を伝える動画や写真などを用い、女性議員数が少ない様子を児童へ伝える素材として活用した。

(2)　価値の設定

本実践では議員クオータ制導入に対し賛成する実質的平等の実現を個別尊厳とし、反対する形式的平等の継続を個別責任とする。我が国では女性議員の数がOECD内でも最下位レベルであることを指導した上で、女性議員確保のためのクオータ制導入の是非を扱う。クオータ制を考える際、留意すべき点は平等の観点である。この場合の平等は２点となる。第一に、結果として性別による男女比率がある一定となる様に実施する結果の平等である。第二に、誰もが一市民として選挙に臨む機会が与えられるべきであるという機会の平等である。前者の平等原理は実質的平等であり、後者は形式的平等[6]となる。つまり、少数派に対する差別を認めず、尊厳ある生き方を送れるよう保障する実質的平等は個別尊厳となる。一方で、候補者に対し、枠などを設けず、選挙にて勝ち抜いていけるように求めるという価値が個別責任となる。

このような平等原理を小学校社会科において取り上げた実践について、平川公明の「わたしたちのくらしと憲法」（小学校社会科第６学年）を取り上げる。この授業は、基本的人権における法の下の平等を形式的平等と実質的平等の観点から児童に考えさせた実践[7]である。児童は低・中・高所得者と国会議員とに分けたロールプレイングを行い、それぞれの所得層の立場から、均等税制度か累進課税制度かの選択を話し合うことで、配分的正義に気付いていく展開としている。この実践では、児童のこれまでの単純素朴な認識としての形式的平等がその全てではなく、累進課税制度に代表されるような、国民それぞれの収められる能力に応じて負担する配分的正義もまた平等であることについて、具体を用いて理解させていることに意義がある。しかし、本実践は実質的平等を児童に獲得させることが目的であり、価値そのものを判断させるような展開とはなっていない。

そこで、この平等原理を取り上げることで個別尊厳と個別責任に知的に気付かせ判断させていく授業開発を行い、実践及び分析を通して、考察をする。

(3)　単元名

わたしたちのくらしと基本的人権（第6学年）

(4)　児童の実態

当該学級の児童については指導経験がなく、また、授業にて価値を扱うため、道徳ノートや学級担任の話を根拠として以下の2点の特徴を確認した。第一に、道徳的価値に気付き、自分の思いを重ねることができる児童が半数以上見られる一方で、わずかではあるが苦手な児童も確認できることである。これは、自分の思いがないわけではないが、その思いを言語にて表現するのが苦手であることに起因する。第二に、自分の思いを小グループでの話合いやノート記述では表現できるものの、積極的に挙手したり、全員の前で発表したりすることが苦手な児童が少なからず存在することである。

さらに、当該児童には指導内容に関わる事前調査を行った。

質問1

「こういう時、（自分と逆の性別）優先で、何か納得いかない…」と思うような場面について書いてください。

質問2

憲法において男女は平等です。普段の生活から、あなたは、その平等を感じますか。

（　）常に感じる。　　　　（　）感じる時が多い。
（　）感じない時が多い。　（　）感じない。

ア　質問1に対する児童の回答

ある（25名）

男女共通
・更衣室やトイレ等、施設や設備利用時の差について。
・授業中や生活指導等、指導を受ける場面での差について。
・話合いの場面や役割分担での決め方や言葉遣いについて。

男子のみ
・力がいる作業の場面について。

女子のみ
・（自分ではなく）TVで女性議員がヤジを飛ばされている様子について。

ない（9名）

イ　質問2に対する児童の回答

・常に感じる。　　　　（2名）
・感じる時が多い。　　（12名）
・感じない時が多い。　（18名）
・感じない。　　　　　（2名）

上記回答では、回答項目ごとの男女の偏りは見られなかった。また、2名の児童を除くほとんどの児童は、男女の性差を感じながら学校生活を送っている様子がうかがえた。つまり、授業において単に「男女平等です」という指導のみでは「お題目」であり、児童に暗記させていることとなる。これら該当児童も含め、基本的人権の指導に必要なのは具体的な事例と、立場で考える指導である。

また、社会的論争問題を取り上げた該当校における実践では、一方の立場からの主張でしか語れない児童の姿も見られる。そこで、本実践においては少人数による立場を意識させながらの話合い活動や、実感・納得を伴わせるためのシミュレーションなどの手立てを通し、根拠と正当性を考えさせていくこととする。

(5)　指導に当たって

小学校社会科学習指導要領解説６学年２内容（１）ーア「日本国憲法は、国家の理想、天皇の地位、国民としての権利及び義務など国家や国民生活の基本を定めていること」を受け、本単元を設定する。同要領解説には、以下の２点において指導上留意することが求められている。第一に、「国民としての権利及び義務」について、日常生活に見られる国民の権利、義務に関する具体的な事例を取り上げることである。このことについては、最近、新聞やTV等で取り上げられた具体的事例を用いて指導に当たる。第二に、「権利の行使」について、他の人々の権利の行使に十分に留意する必要があることを理解できるようにすることである。このことについては、複数の立場を考える場面を想起させる具体的事例を用いて指導に当たる。

また、憲法の三大原則のうち、先に述べた児童の実態より本単元では憲法の基本的人権を中心に扱うこととし、基本的人権の尊重以外の国民主権及び平和主義については後の指導にて実施することとする。

基本的人権は人間として生まれながらにして有する権利であるが、大きく分けて５つ（自由権・平等権・社会権・請求権・参政権）に分類される[8]。本実践の具体的事例として、最も多くの時間をかける権利を平等権とする。平等権は憲法の大原則[9]であり、他の４つの権利を考える際、差別なく権利を保障するいわば礎となる権利である。そして、平等権の考え方から児童が獲得する法の下の平等を、他の権利にも転移・応用させ考えさせることが可能であると捉え、本単元の中心に位置付ける。

本単元の具体的事例として取り扱うのは、平等権や参政権等とも関わりのあるクオータ制である。ここでは政治システムにおける割り当てとして扱い、我が国においての女性議員に対するものとする。この制度は、現実問題としての男女の性差による弊害を解消していくため、政策決定の場における男女の比率に偏りがないよう一定の割り当てを確保するものである。現在、日本の女性国会議員比率は世界第162位（2014年[10]）と低く、その低い日本の中でも青森県の地方議会に占める女性の割合は６％と全国最低[11]である。このような現状から、本校においてクオータ制を取り上げる意味や価値が他都道府県と比較し高いと思われ、本時の事例として取り扱う。

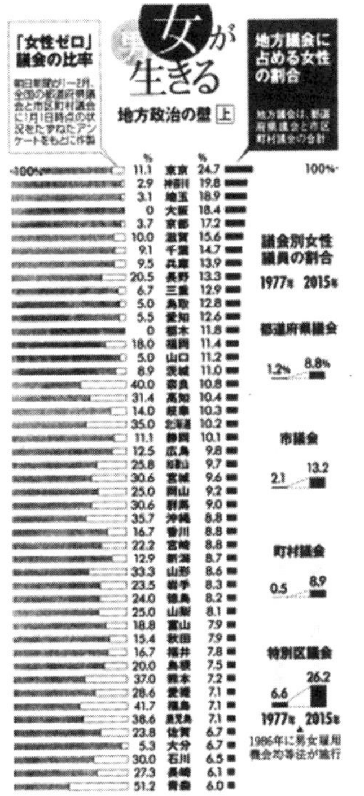

図 3-2 地方議員に占める女性の割合（朝日新聞 2015, 2, 23 朝刊より）

クオータ制を考える際に留意すべき点は、平等原理が実質的平等と形式的平等の二面性を含むことである。形式的平等の立場から実質的平等を考えた際の、いわゆる「逆差別[12]」を生むと見なす意見がこれに当たる。この点について、本時ではこの２つの側面を対立軸とし、複数の立場より根拠と正当性について考え話し合わせる活動を設定する。

(6)　単元の目標

基本的人権の特徴及び権利や義務について調べ、基本的人権を尊重していくことの大切さに気付き、理解することができるようにする。

(7)　単元の指導計画（全3時間）

時	主な学習活動・内容
1	・憲法について調べる。
2 本時	・クオータ制導入のメリットやデメリットについて考える。 クオータ制導入について賛成か。
3	・権利や義務にはどのようなものがあるのかを考える。

(8)　本時の目標

諸外国と比べ低い我が国の女性議員比率について、複数の立場から根拠と正当性について考え話し合う活動を通して、平等の意味を考慮した意見を述べることができるようにする。

(9)　本時における価値の設定

本実践で設定する価値について、以下の表3-2に示す。価値についてはそれぞれ選択するべき姿勢及び根拠についても提示する。

表3-2 本時における価値、根拠及び姿勢

価値	姿勢及び根拠
個別尊厳	議員クオータ制導入に賛成 ・結果の平等を重視。（実質的平等）
個別責任	議員クオータ制導入に反対 ・機会の平等を重視。（形式的平等）

(10)　本時指導案（２／３）

主な発問・指示	予想される児童の反応	主な留意点	資料
・基本的人権にはどのような権利が示されていただろう。 ・国民はみな平等だろうか。 ・女性議員の割合のグラフを見て考えよう。	・自由権、社会権、平等権、請求権、参政権。 ・法の下に平等だ。 ・差別されないとある。 ・日本は世界の中でも、かなり女性議員の数が少ない。 ・青森県は全国最下位だ。		日本国憲法第14条等 新聞記事 クローズアップ現代VTR
・クオータ制導入のメリットについて考えよう。	・女性の意見が政治にも反映されるようになるんだ。 ・導入している国もあって、女性の権利を守る法律もできて効果を発揮しているんだ。	・クオータ制導入の事例について、メリットを中心に紹介する。 ・わたしたちの地域の現状からクオータ制導入を示唆する。	
クオータ制導入について賛成か。			

・考えよう。	賛成 ・今は女性の意見があまり反映されていない感じがするから。 ・他の国でうまくいっているのであれば、日本でもやるべき。 ・政治みたいな話合いは、女性も含めいろいろな意見が出されることが大切だと思うから。 反対 ・そもそもこの制度は男女平等ではない。 ・逆に、女性を差別している感じがする ・憲法に違反しているのでは。		

架空の選挙より、クオータ制実施前後で比較するシミュレーションを２回行う。

・１回目

名前・性別・得票数
みのる・男・25000票
しのぶ・男・15000票
りょう・男・10000票
ルミコ・女・ 5000票
タエコ・女・ 4000票
ヨシコ・女・ 3000票
つかさ・男・ 100票

・２回目

名前・性別・得票数
みのる・男・25000票
しのぶ・男・15000票
りょう・男・10000票
ルミコ・女・ 5000票
つかさ・男・ 100票

【架空選挙例】定数３
※この例のクオータ制では以下の条件を付帯する
「同じ性別で定数を独占しないこと」

・シミュレーション選挙結果を基に考えてみよう。	・性別で優遇するのは、不公平だ。 賛成 ・票の数よりも、女性の意見が政治で生かされる方が大切だから、導入した方がいい。	・シミュレーションより、クオータ制実施前後の結果を振り返らせる。	

<table>
<tr>
<td></td>
<td>条件付賛成
・無投票当選のような事態を避けられるのなら賛成。

反対
・選挙は、性別に関係なく当選して欲しい人に入れるのだから、導入しない方がいい。</td>
<td>・２回目のシミュレーションは、クオータ制導入に賛成が多い場合、女性が無条件で当選する場合を考えさせる。</td>
<td></td>
</tr>
<tr>
<td>・考えたことをノートにまとめよう。</td>
<td>・クオータ制を導入したら、男性で落選する人よりも少ない票の人が当選なのは、おかしい。</td>
<td>・賛成か反対かを表明させ、その理由を書かせる。</td>
<td></td>
</tr>
<tr>
<td colspan="2">（例１）クオータ制導入に賛成です。わけは、政治はみんなのものだと思うので、もっと女性の声が生かされる方がいいと思います。
（例２）クオータ制導入に賛成です。わけは、今は女性の議員が少ないけれど、やってみてみんなの気持ちが変われば、その後はクオータ制にしなくても半分くらいは女性の議員になる世の中になると思うからです。</td>
<td></td>
<td></td>
</tr>
</table>

（例３）クオータ制導入に反対です。やはり国民は平等であると考えたら、多くの人から支持された３番目の男性が落選し、女性だからということで４番目の女性が当選するのはおかしいと思ったからです。			
・専門家の話を聞こう。		・法律の専門家（県弁護士会・法教育に関する委員会委員長）の話を聞く場を設定する。	

(11)　本時の評価

クオータ制導入の是非を通して、平等の意味を考慮しながら自分の意見を述べている。

(12)　本時の主な展開

T…主な発問　　C…児童の反応　　・…主な指示や指導
T　：議会の女性割合の世界比較を確認しよう。 C　：162 位は低いな。 T　：先進国最下位の日本の中でも、都道府県別に地方議会の女性議員割合を確かめてみよう。 C　：最下位だ。

・VTRより、クオータ制を導入している国を紹介する。女性目線で法整備が行われたスウェーデンを取り上げ、出生率の上昇を例に出す。次に女性議員の割合が高い、東京都の議会を取り上げ、待機児童問題解消に取り組む女性議員を例に出す。

クオータ制導入に賛成だろうか。

発話記録①

C　：女性議員だったら、どういうふうに対応すればいいかというのが分かると思う。
C　：何もしないよりはしたほうがいいと思うし、いい結果が出ているのでいい可能性が高いから。
C　：女性が社会とか仕事場とかでも差別を受けているので。その場合は男性より女性の方が解決できる。
C　：女性が入った方が、意見がかたよらないと思うから。
T　：では実際にやってみるよ、選挙。

・選挙のシミュレーションを行う。これまで行われてきた選挙とクオータ制を導入した選挙の当選者を「得票数」を隠して考えさせた。

T　：クオータ制が導入されました。どうなればいいかな。
C　：りょうさんとルミコさんが逆になればよい。
T　：どうすればいいって話かな。上からいこう。みのるは当選かな。
C　：はい、当選。
T　：しのぶはどうかな。
C　：しのぶは残した方がいい。
C　：同じ意見なんですけど、しのぶさんの獲得票が2位だったってことは周りから信頼されているってことだから、順番的にいけばりょうさんが退いた方がいいと思います。
T　：これって信頼順なんだ。

・選挙のシミュレーションを行う。これまで行われてきた選挙とクオータ制を導入した選挙の当選者を「得票数」を示して考えさせた。

発話記録②

C　：ルミコさんとりょうさんの差があまりにも開きすぎていて、ルミコさんはりょうさんの２分の１でりょうさんを落としちゃうと１万人の思いが、もうちょっと差が小さかったらルミコさんでもよかったかなと。

C　：申し訳ないけど、クオータ制を導入するためには仕方ないんじゃないかなと思いました。

C　：もうちょっと差が小さければ。

T　：差が小さければいいのかな。ルミコさんが9999票でりょうさんが１万票で１票差だったら君たちは納得いくって話かな。

C　：いきません。でも、これ（5000票差）よりは納得できる。

T　：でも仕方ない、しょうがないって言ってるけど、何でしょうがないのかな。

C　：平等にしていくために。

C　：これから続けていくのに仕方がないから。

T　：では、クオータ制は導入した方がいいという人（全員挙手）反対の人（挙手無し）。なぜ。

C　：しょうがない。

C　：りょうには我慢してもらう。

C　：やっぱり仕方がないから。

・選挙のシミュレーションを行う。定数等には変化無しだが、女性立候補者が１名のみで無投票当選となるクオータ制の実施とする。

C　：私たちの班ではそれでもやっぱりクオータ制を導入した方がいいという意見が出ました。待機児童の問題とか、女性目線で話し合うのは今、大事なんですよ。
C　：正直、どっちと言えないって感じで、迷う。
C　：女性選挙と男性選挙っていうのをやればいいという意見が出ました。
C　：全員反対の意見になってしまったっていうか、やっぱり、選挙って、自分の代わりに政治をやって欲しい人を選ぶのが国民主権だから、それに反してるんじゃないかなって。
C　：うちらも賛成で、女性目線で話し合うようにならなきゃ、貧困とか待機児童とかの問題が変わらないし。
C　：先生が言った「無投票当選」っていうのは無しで、何票かとった女性議員は当選みたいにするといい。それか、3位の男性の人との差が何票以内だったら当選みたいにすればいい。
T　：そうか、条件をつければいいって話だね。では、今日学んだことをまとめてみよう。

発話記録③

3　実践分析と考察

ここでは、本実践を発話記録と児童のノート記述より分析し、考察を行う。発話記録は、議員クオータ制導入の是非について、結果の平等を求め導入に賛成する児童が、機会の平等をも考慮するようになる姿を段階的に示す。また、児童の記述はまとめの段階でのノート記述である。

ア　発話記録による分析

①　議員クオータ制の導入のメリットのみに着目し賛成している場面

以下は、中心発問である議員クオータ制の導入について、全ての児童が賛成の立場を取っている場面の発話記録である。

T…教師の発言　G…ゲストティーチャーの発言　C…児童の発言

T32：はい、やった方がいい人（全員挙手）いや、いや、いいのかな、どうかな。（挙手無し）やった方がいいと思うの。
C39：はい。
T33：なんでかな。ちょっとグループで話し合ってみて。
C40：（話し合い）
T34：そろそろいいかな。席に戻って。では発表して。
C41：他の国で実績とかも残ってるし、平等にするためには導入した方がいいと思う。
C42：女性議員が、もし経験したことがある人がいれば、どういうふうに対応すればいいかというのが分かると思う。
C43：何もしないよりはしたほうがいいと思うし、いい結果が出ているのでいい可能性が高いから。
C44：女性が社会とか仕事場とかでも差別を受けているので。その場合は男性より女性の方が解決できる。
T35：女性目線ね。次、はいどうぞ。
C45：もう、実例が出ているので、もうそろそろクオータ制を導入した方がいいと思います。
C46：女性が入った方が、意見がかたよらないと思うから。
T36：意見が偏らない。なるほどな。こういった意見でみんなが賛成なんだ、分かりました。では、みんな賛成だってことでいいね。

T32は、中心発問提示後の初発の意見について、挙手にて確認した様子である。C41～C46のように、この場面では全ての児童が議員クオータ制について、導入賛成の立場である。この場面までに取り扱った女性の貧困問題や待機児童問題、少子化問題等、女性に関する問題を取り扱ったため、その問題の解消を児童が目的として捉えたためである。よって当場面では、議員クオータ制導入には賛成だが、結果の平等という価値、つまり、個別尊厳については気付いていない姿が見受けられる。

②　１回目のシミュレーションにより、個別尊厳を意識し始める場面

以下は、１回目のシミュレーションを行った場面の発話記録である。従来の選挙と議員クオータ制を導入した選挙（定数３・候補者男性４名女性３名）のシミュレーションを行った際に、得票数を提示して考えさせた場面である。

T62：はい、そろそろ戻って席について、お話を聞きたいと思います。自分のグループではやはり全員賛成というところ（挙手）、いやちょっと反対意見がでました（挙手）。そのグループ、ちょっとまとめてこういう意見とこういう意見が出たって発表してくれる。

C74：ルミコさんとりょうさんの差があまりにも開きすぎていて、ルミコさんはりょうさんの２分の１でりょうさんを落としちゃうと１万人の思いが（反映されない）。もうちょっと差が小さかったらルミコさんでもよかったかなと。

T63：差がね。えっ、こういう話、グループの話し合いで出たところありますか。（挙手）

C75：出たけど仕方ない。（いろんな意見）

C76：申し訳ないけど。

C77：申し訳ないけど、クオータ制を導入するためには仕方ないんじゃないかなと思いました。

C78：もうちょっと差が小さければ。

T64：じゃ、差が小さければいいのかな。

C79：そういう問題じゃなくて。

T65：では、ルミコさんが9999票でりょうさんが１万票で１票差だったら君たちは納得いくって話かな。

C80：いきません。でも、これ（5000票差）よりは納得できる。
T66：でも仕方ない、しょうがないって言ってるけど、何でしょうがないのかな。
C81：平等にしていくために。
C82：ううん、まぁ、これから続けていくのに仕方がないから。
T67：これは平等だと。こっちは平等じゃないと。
C83：平等じゃない。まったくじゃないけど。
T68：こっちは平等じゃない。
C84：男性しかいないから。

C81～84で、従来の選挙について平等ではないという発言が見られる。これは児童が、結果の平等に気付き価値に触れている発言となる。よって、実質的な平等を望む個別尊厳に知的に気付く児童の姿であるといえる。しかし、現時点で価値に気付いていたとしても、C75のように議員クオータ制導入に対して「仕方ない」としていることから、形式的な平等、つまり個別責任については気付いていないか、気付いていても考慮に値しない程度の扱いとしている。

③　２回目のシミュレーションにより、個別責任を意識し始める場面

以下は、２回目のシミュレーションを行った場面の発話記録である。議員クオータ制を導入した選挙（定数３・候補者男性４名女性１名）のシミュレーションを行った際に、女性が無投票当選となる状況で考えさせた場面である。

T71：それでは、同じ選挙区でこんな立候補者（女性議員が１名のみの立候補）が出そろった場合、どうですか。
C89：えっ、それって、ルミコ当選。（同様に児童の驚きの声）
T72：無投票当選になりますが、いいんですか。ちょっと話し合って。
C90：（話し合い）
T73：どうですか。

C91：私たちの班ではそれでもやっぱりクオータ制を導入した方がいいという意見が出ました。待機児童の問題とか、女性目線で話し合うのは今、大事なんですよ。
C92：正直、どっちと言えないって感じで、迷う。
C93：女性選挙と男性選挙っていうのをやればいいという意見が出ました。
C94：全員反対の意見になってしまったっていうか、やっぱり、選挙って、自分の代わりに政治をやって欲しい人を選ぶのが国民主権だから、それに反してるんじゃないかなって。
C95：うちらも賛成で、女性目線で話し合うようにならなきゃ、貧困とか待機児童とかの問題が変わらないし。
C96：先生が言った「無投票当選」っていうのは無しで、何票かとった女性議員は当選みたいにするといい。それか、３位の男性の人との差が何票以内だったら当選みたいにすればいい。
T74：そうか、条件をつければいいって話だね。では、今日この勉強をして思ったことをノートにまとめなさい。板書は後でいいので、まとめを先に書いて下さい。では、書いてる最中かも知れないけど、発表しもらおうかな。
C97：クオータ制を導入することによって貧困している女性を助けられるなら、りょうさんとルミコさんが逆になっても仕方ないと思った。あと、青森県は女性議員が少ないのでもっと増やして欲しいと思いました。
C98：私は最初クオータ制を導入した方がいいと思ったけど、あまりにも差が開きすぎて、たくさんの支持を得ていた人がそれより少ない人に落とされるという不公平なバランスができあがってしまうと思い、仕方ないといえば仕方ないかも知れないけど、私は納得できなかったので、当選者の信任投票を行った方がいいと思います。

本場面では、これまでの①、②において議員クオータ制導入に「仕方ない」という発言と共に、その導入を賛成してきた児童の意識に変化が見られた。これまでのシミュレーションでは、議員クオータ制導入であっても選挙は実施してきた。しかし、本場面では女性議員の無投票当選が確定するため、C89 のような児童の驚きや意見交流が生じた。これは、既習である国民主権や選挙の意味といった「国民の代表として政治を行う」という知識が、本シミュレーションにおいて転移・応用され勘案できたことに起因している。そこで、C94 のように反対意見が見られるようになったり、C96 及び C98 のように、導入に新たな条件を付帯させようとしたりする考えに繋がっていくこととなる。この C94 意見では、反対であるということと同時に機会の平等、つまり個別責任にも気付く児童の姿も見られるようになった。

イ　まとめの段階でのノート記述記録による分析

実践の終末段階において、児童に学習を振り返らせた結果、ほとんどの児童が根拠を基にした判断を行うことができた。図 3-3 及び図 3-4 では議員クオータ制導入の賛否についての意思決定がなされている姿がうかがえる。また、図 3-5 のように導入について、留保条件を考慮する児童の姿も見られるようになった。

図 3-6 では、結果の平等と機会の平等について気付き、その価値の狭間で意思決定ができないでいる児童の姿も見られた。つまり、この児童は、個別尊厳と個別責任のそれぞれ

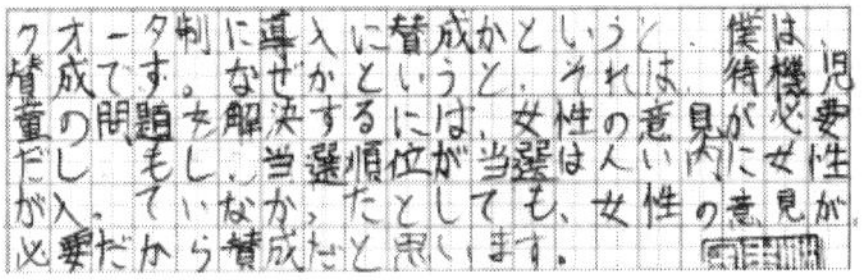
クオータ制に導入に賛成かというと、僕は、
賛成です。なぜかというと、それは、待機児
童の問題を解決するには、女性の意見が必要
だし、もし、当選順位が当選は入い内に女性
が入っていなかったとしても、女性の意見が
必要だから賛成だと思います。

図 3-3 クオータ制導入に賛成の記述

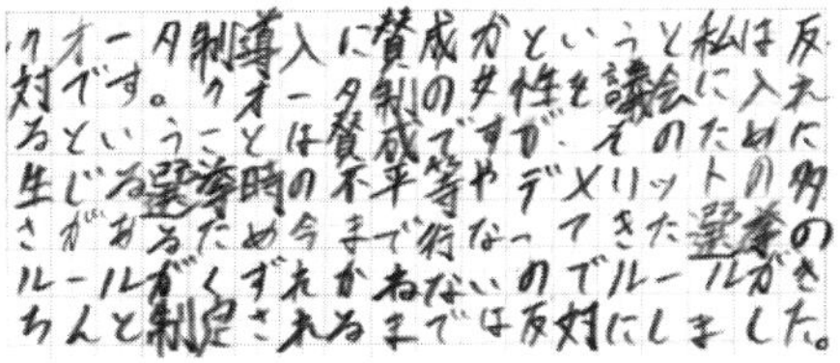
クオータ制導入に賛成かというと私は反
対です。クオータ制の女性を議会に入れ
るということは賛成ですが、そのために
生じる選挙時の不平等やデメリットの多
さがあるため今まで行なってきた選挙の
ルールがくずれかねないのでルールがき
ちんと制定されるまでは反対にしました。

図 3-4 クオータ制導入に反対の記述

の価値について葛藤した姿である。

よって、上記発話記録分析及びノート記述分析より、児童はシミュレーションを重ねることで、当初は気付かなかった価値に知的に気付くことで、価値を判断できたり、価値葛藤に陥ったりしている姿が見られたといえる。

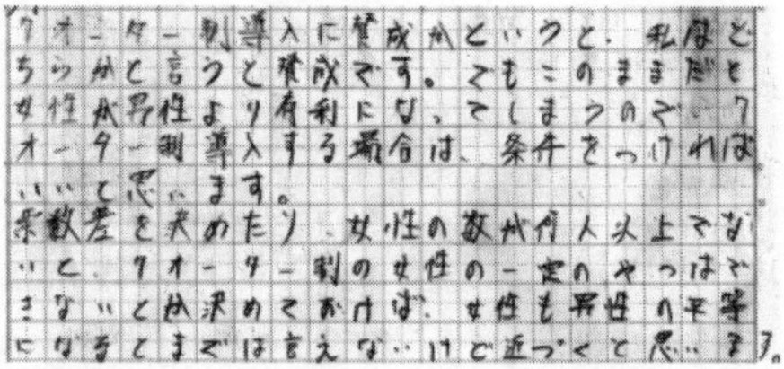

クオーター制導入に賛成かというと、私はど
ちらかと言うと賛成です。でもこのままだと
女性が男性より有利になってしまうので、ク
オーター制導入する場合は、条件をつければ
いいと思います。
票数差を決めたり、女性の数が何人以上でな
いと、クオーター制の女性の一定のやつはで
きないと決めておけば、女性も男性の平等
になるとまでは言えないけど近づくと思います。

図 3-5 クオータ制導入に留保条件を付けている記述

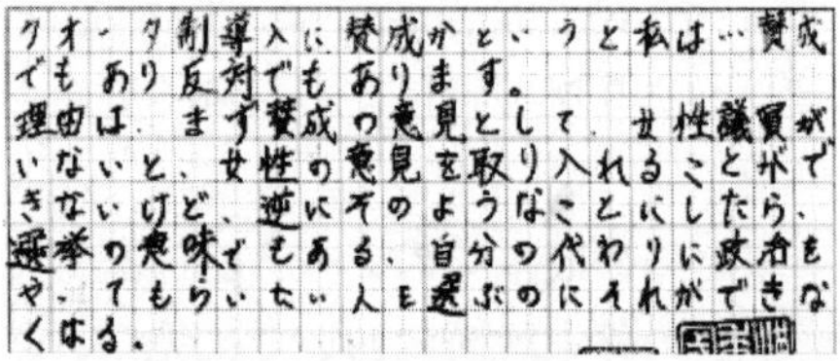

クオータ制導入に賛成かというと私は…賛成
でもあり反対でもあります。
理由は、まず賛成の意見として、女性議員が
いないと、女性の意見を取り入れることがで
きないけど、逆にそのようなことにしたら、
選挙の意味でもある、自分の代わりに政治を
やってもらいたい人を選ぶのにそれができな
くなる。

図 3-6 価値を意識し意思決定できない記述

第３節　非包摂主義内輻輳型授業の特質

以上、小学校社会科の価値判断学習において、中心価値が非包摂主義内で輻輳する授業開発を行い、実践及び分析を行った。その分析より得られた特質は、以下３点である。

第一に、個別尊厳と個別責任の価値類型を組み込むことによって、児童が平等について非包摂的な観点から勘案し、２つの価値として知的に気付いたことである。議員クオータ制の導入は賛否いずれにも平等の価値が存在する。しかし、実践以前で児童の平等についての認識は、機会の平等（個別責任）のみであった。そこで、価値類型を組み込むことにより、児童の視点を結果の平等（個別尊厳）へとシフトさせると同時に、比較・検討することが可能となった。よって、価値類型の有効性が確認できた。

第二に、個別尊厳と個別責任の価値類型による価値の明確化により、教師が児童に対し適切に発問及び指示、ワークショップ型の指導の準備ができるようになったことである。例えば基本的人権における平等権について、個別尊厳しか捉えられていない児童に対し、シミュレーションを設定し個別責任に気付かせることができたのは、輻輳する価値の明確化がなされていたからである。

第三に、個別尊厳と個別責任を扱うことにより、児童が平等を単に知識として暗記しようとせず、その本質を考えようとしたことである。知識並びに価値観を教師側から一方的に押しつけず、先に述べたように知的に気付く活動にはアクティブ・ラーニングの視点が欠かせない。本実践及び分析より、個別尊厳と個別責任についてシミュレーションを通して学ぶことで、実感・納得を伴った理解の下、主体的な学びの姿が表出された。

註

---

[1] 橋本努は、包摂主義について経済活動を倫理的な観点から包摂すると述べている。橋本『経済倫理＝あなたはなに主義？』講談社，2008，p54

[2] 同上，p131

[3] 同上，pp.133-134

[4] 文部科学省中央教育審議会 初等中等教育分科会「教育課程部会 高等学校地理歴史・公民専門部会（第４期第３回）議事録・配付資料」，2007, http://www.mext.go.jp/b_menu/shingi/chukyo/chukyo3/033/siryo/07102201/004.htm（2016, 1, 17 確認）

[5] 同上「社会・地理歴史・公民専門部会におけるこれまでの主な意見（論点ごとに整理）」，2005，http://www.mext.go.jp/b_menu/shingi/chukyo/chukyo3/004/siryo/05073101/006_4/001.htm（2016, 1, 17 確認）

[6] 芦部信喜は、形式的平等とは全ての個人を法的に均等に取り扱い、その自由な活動を保証するといった観念であるとし、実質的平等とは、社会的・経済的弱者に対してより厚く保護を与え、それによって他の国民と同等の自由と生存を保証する観念であるとしている。芦部『憲法（第三版）』岩波書店，2002，p122

[7] 平川公明「第６学年１組社会科指導案」弘前大学教育学部附属小学校『公開研究発表会【学習指導案集】』弘前大学教育学部附属小学校，2009，pp.76-85

[8] 宮崎哲弥『日本のもと憲法』講談社，2011，p122

[9] 三浦軍三『憲法ってなんだろう？』ポプラ社，1989，p26

[10] 朝日新聞 2014, 10, 10 朝刊記事

[11] 同上，2015, 2, 23 朝刊記事

[12] 松村歌子は特定の集団を優遇することは他の集団への「逆差別」（reverse discrimination）」にあたるとする不満が根強いと指摘している。松村「女性の雇用をめぐる状況とポジティブ・アクション」関西福祉科学大学『総合福祉科学研究』2012，p143

第４章

包摂主義対非包摂主義対立型授業の開発

本章では小学校社会科の価値判断学習において、中心価値が包摂主義と非包摂主義とで対立する授業開発を行い、実践及び分析を通して、その特質を明らかにする。

本章は６節からなっている。第１節では包摂主義対非包摂主義型授業の概要について説明する。第２節では包摂主義の組織管理と非包摂主義の個別責任が対立する授業開発を行い、実践及び分析を通して、その特質を明らかとする。実践は、国の管理か自己責任かを問う「年金の在り方について」（第６学年）である。第３節では包摂主義の組織管理と非包摂主義の個別尊厳が対立する授業開発を行い、実践及び分析を通して、その特質を明らかとする。実践は、農業保護か自由貿易かを問う「TPP 参加の是非について」（第５学年）である。第４節では包摂主義の組織協同と非包摂主義の個別責任が対立する授業開発を行い、実践及び分析を通して、その特質を明らかとする。実践は、富の再分配か自己所有権かを問う「子ども手当の導入について」（第６学年）である。第５節では包摂主義の組織協同と非包摂主義の個別尊厳が対立する授業開発を行い、実践及び分析を通して、その特質を明らかとする。実践は、未来補償か現状保護かを問う「ダム建設の是非について」（第４学年）である。第６節では以上の実践及び分析より、包摂主義対非包摂主義型授業の特質を提示する。

第1節　包摂主義対非包摂主義対立型授業の概要

本章においては、包摂主義と非包摂主義が対立する授業についての概要を提示する。先に示したように、本研究では橋本努の4類型を価値判断学習のフレームワークとして採用し、図4-1のように類型化した。類型では包摂主義の観点[1]を基軸とし、価値を2つに大別している。一つは包摂主義である。包摂主義とは温情的な介入主義のことである。もう一つの非包摂主義とは、非温情的な不介入主義である。

包摂主義は、組織が対象となる市民をどのように包み込むのかにより、組織管理と組織協同に分ける。組織管理は、組織が慈愛的に市民に接し、組織に依存させながら市民を管理していこうとする価値となる。これに対して、組織協同は、組織が対象となる市民の主体化を目的として介入する価値となる。先の組織管理との違いは、対象となる市民に対し、組織に依存しなくても生きていけるように主体的で自立した人間を育てようとする点である。

対して非包摂主義は、非温情的に組織が市民をどのように尊重していくのかにより、個別尊厳と個別責任に分ける。個別尊厳は、組織が市民の尊厳を傷つけず、非権威的な態度で接する価値となる。例えば、少数派に対する差別を認めず、尊厳ある生き方を送れるよう保障する。その

包摂主義	1　組織管理（祭司型）
	2　組織協同（主体化型）
非包摂主義	3　個別尊厳（ヒューマニズム型）
	4　個別責任（サバイバル型）

図4-1 包摂主義と非包摂主義の諸類型（再出）（橋本努『経済倫理＝あなたはなに主義？』講談社, 2008 を参考にして、作者加筆変更したもの。括弧内は橋本による表現）

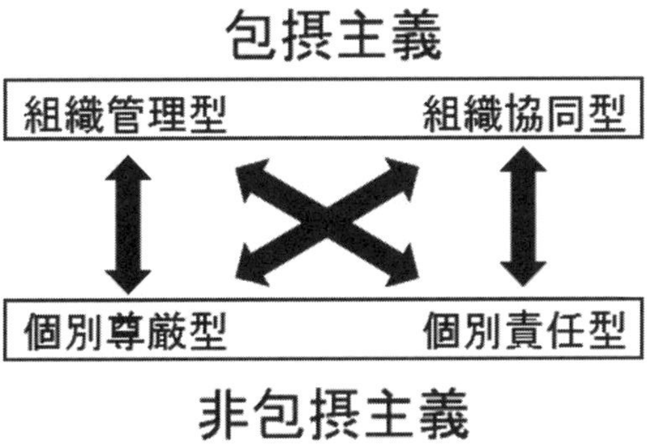

図 4-2 包摂主義と非包摂主義の価値対立関係

点において、組織の介入を認めている。最後に個別責任であるが、組織が対象となる市民に対し、たくましく生きていくように求めるという価値とする。つまり、自己責任の原則による生きる力の育成を願うものとなる。

上記、包摂主義及び非包摂主義がそれぞれ２種類に分けられるため、価値の対立は図 4-2 のように４種類が想定される。つまり、組織管理と個別責任、組織管理と個別尊厳、組織協同と個別責任、組織協同と個別尊厳のそれぞれの価値の対立となる。次節以降、これらの価値を設定した授業開発を行い、実践及び分析より、その特質を明らかにする。

第２節　組織管理と個別責任を設定した内容編成

１　価値の概要

本節では、包摂主義の組織管理と非包摂主義の個別責任を価値で設定した授業開発を行い、実践及び分析を通して、その特質を明らかにする。先に述べた通り、組織管理は組織が慈愛的に市民に接し、組織に依存させながら市民を管理していこうとする価値である。また、個別責任は組織が対象となる市民に対し、たくましく生きていくように求めるという価値である。

上記２つの価値について橋本は、現代に相応する課題としてたばこ規制問題を例に掲げ、根拠及び選択するべき姿勢を考察している。組織管理については、たばこの規制に賛成する[2]としている。それは、たばこには害（依存性・有害性等）があることから、広告によって消費を煽るようなことを避けるという行動を選択するからである。また、依存症に陥った者に対しては、治療面で手厚く施すといった行動を選択する。対して個別責任においても、この問題については自由と規制が混在する[3]と述べている。それは、終日禁煙とすることで生産性を上げ、手を抜かず、労働するといったたくましさを求めるという行動を選択する一方、それ以外においては喫煙を認める行動を選択するからである。このように価値については、選択するべき姿勢と根拠を明らかにしていくことが重要である。

２　国の管理か自己責任かを問う
―年金の在り方について（第６学年）―

本項では、前項にて提示した包摂主義の組織管理と非包摂主義の個別責任を価値として設定した実践を提示する。具体的には、日本の公的年金の在り方について国の管理による現行の賦課方式か、自己責任による貯蓄方式かを問う、第６学年公民分野の授業である。

本実践にて扱う価値は、次の通りである。包摂主義のうち、強者である組織が慈愛心をもって弱者となった市民に接し、全体を統治しようとする組織管理と、組織が対象となる市民に対し、たくましく生きていくように求めるという個別責任を価値とする。つまり、この場合の組織に当たる国家管理の下、市民の暮らしを導いていくことを願う組織管理と、自己責任の原則による生きる力の育成を願う個別責任とを明示的に追究させることを目的としている。

図 4-3 税金の使われ先を示したイラスト（光村図書出版「社会６」文部科学省検定済教科書，2014 より）

そこで、上記構想に基づき構成した日本の公的年金の在り方についての実践を提示する。はじめに授業計画を提示し、単元及び本時の構想や児童の実態を明らかにする。次に授業の発話記録を考察し、本実践の成果を明らかとする。

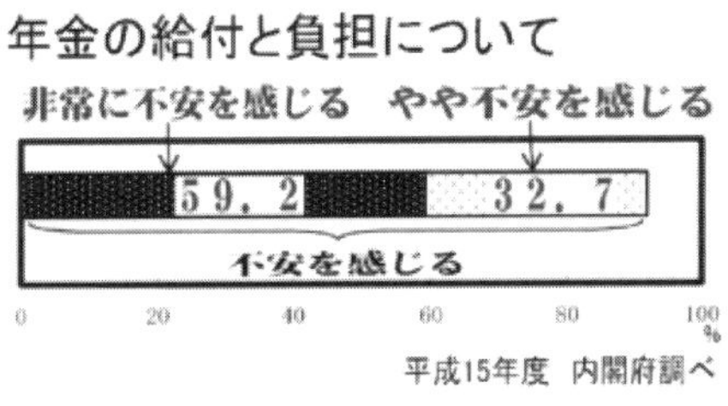

図 4-4 年金の給付と負担についての意識調査結果（内閣府国民生活局『平成 15 年度国民生活選好度調査』2003 を参考にして，筆者作成）

（1）　内容構成の視点

本実践は、日本の公的年金制度（以下年金制度）について国の管理か自己責任かを問う第６学年の価値判断授業である。

構成の視点は、２点である。第一に、公助か自助かを明示的に追究させることである。第二に、公助と自助の相克において、どちらかの優位性を勘案させることである。

小学校社会科において社会保障制度は、第６学年の公民分野にて扱われる。しかし、現在発行されている小学校社会科教科書３社[4]を比較しても小学校社会科授業では社会保障制度の内容の習得にその主眼が置かれ、制度に内在する価値について言及するような教科書記述は存在しない。つまり、社会制度に対して冷静な眼差しを向け、制度を客観的に見る素地の育成には至らない。例えば税金の働きについて小学校で扱う教科書や社会科資料集等では、「みんなのために役立つ活動や社会での助け合いのための活動に使われている」と明記され、併せてイラストなどが提示されている[5]（図4-3)。これらイラストに加え、記述に「みんなで社会を支え合うために出し合うお金」や「税務署の人の話」等、その制度内容の理解に主眼が置かれている。つまり、制度の是非について考察する展開とはならず、ましてや制度がどの立場で、どのような価値を内在しているかについては語られない、いわば制度ありきの展開となる。

そこで、本実践では日本の年金制度を扱う。単に年金制度の理解を主眼とするのではなく、年金制度の是非を問うものである。年金制度については、制度改革や見直し等、政府による改善が検討されて続けているものの、制度そのものに対する不安が常に存在し、世論調査においても９割程度の不安を訴える回答[6]が見受けられる。そこで本実践においては年金制度の是非を問い、政府主導による庇護の下、賦課方式による現制度継続を支持するか、個人の責任において貯蓄方式に移行するべきとするかについて検討させた。

(2)　価値の設定

本実践において政府主導による庇護の下、賦課方式による現制度継続を支持する立場を組織管理とし、個人の責任において貯蓄方式に移行するべきとする立場を個別責任とそれぞれの価値を設定し、年金制度の是非を問う。

包摂主義の組織管理か非包摂主義の個別責任という社会的論争問題では、主に社会保障制度でその対立を見ることができる。先行研究として以下に２つを示す。一つは、自助か公助かといった対立である。高等学校の例であるが、松崎康裕は国民健康保険について米国型か北欧型かを問う実践[7]を著している。米国型か北欧型かについては、前者を自助的な社会保障制度とし、後者を公助的な社会保障制度としている。この実践では、前者が個別責任となり、後者が組織管理の価値となる。もう一つは、福祉理念か自立の基礎かといった対立である。猪瀬武則はニュージーランドの年金制度を取り上げ、日本の賦課方式とニュージーランドの強制積立貯蓄方式とを比較し論じている[8]。これもまた、ニュージーランドが個別責任となり、日本は組織管理となる。しかし、小学校における一般的な指導においては在り方についての是非を問わず、社会保障制度ありきで、その仕組みの指導に重点を置き授業が進められている[9]のが現状である。

本実践においては、先行研究にある海外の取組例からではなく、現行制度の支え合いか、自己責任の貯蓄方式かという視点で児童に問いをもたせる。その際、社会保障制度について内在する価値を分け、公助か自助、つまり、包摂主義の組織管理か非包摂主義の個別責任が対立する実践を提示する。本実践では制度についての習得だけを目的とせず、制度に内在する価値について知的に気付き、判断できるよう指導していくこととする。

(3) 単元名

第６学年「わたしたちのくらしと年金」

(4) 児童の実態

児童は前単元「みんなの願いを実現する日本の政治」の学習において、年金制度について扱った。年金制度について学習を進めていく中で、約９割の国民が不安を抱いているのは、少子高齢社会が進めば、賦課方式では財源確保が困難であると推察させた。授業では「年金は現役世代が高齢者に払う仕組みだから、今は１人の高齢者の負担を３人で支えるけれど、自分たちが年金をもらう頃にはたった１人で負担しなければならないのは大変だ。」という意見が出された。しかし、大変であるという認識は抱いているものの、具体的な対応・対策についてまでの言及が認められなかった。そこで、児童には獲得された知識を活用させ、これからの日本の在り方について考えさせることとした。特に、児童自身が年金給付を受ける頃の未来予測から、年金制度の在り方について取り上げた。

実践に当たり、児童の判断に必要な知識が獲得されているかどうか、加えて、児童自身の老後の生活についての意識を38名の児童に対し調査した。以下はその事前調査と結果及び考察である。

ア　質問１及び結果

次の文章の【　　】の中で、適切と思う方を○で囲みなさい。

日本の人口は将来【減っていく・変わらない・増えていく】と予想される。

表 4-1 質問１に対する児童の回答人数

児童の回答		回答数（人）
減っていく	a	27
変わらない	b	0
増えていく	c	11

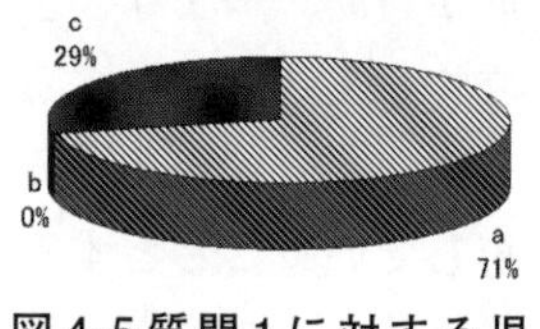

図 4-5 質問１に対する児童の回答割合

イ　質問２及び結果

次の【　　】に当てはまる答えを書きなさい。

①現在の日本の社会は、生まれてくる子供の数が少なく、高齢者の割合が高くなっていくという【　　】社会です。

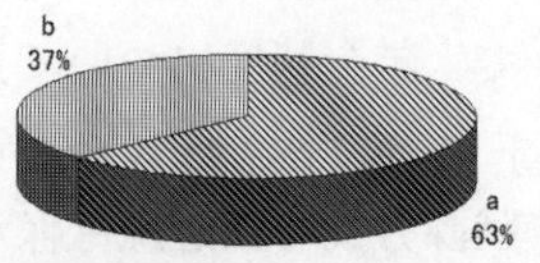

図 4-6 質問２－①に対する児童の回答割合

表 4-2 質問２－①に対する児童の回答人数

児童の回答	回答数（人）

少子高齢（化）　a	24
高齢化　b	14

②年金保険料は、あなたが【　　】歳になったら国へ納めます。

表 4-3 質問２－②に対する児童の回答人数

児童の回答	回答数（人）
２０　a	31
誤答　b	6
無回答　c	1

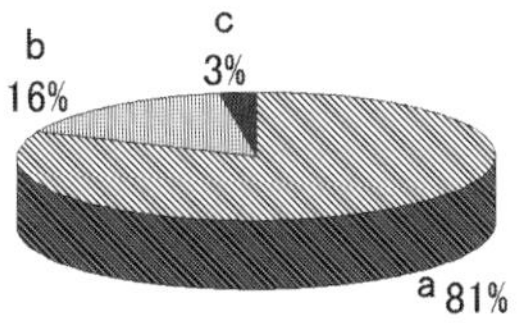

図 4-7 質問２－②に対する児童の回答割合

質問１及び２は前単元で扱った知識の定着についてである。質問１の日本の人口減少について、その誤答の理由を世界人口の増加と混同したと答えていた。質問２の誤答については、失念や問いの読み違え等が主な理由であった。

ウ　質問３及び結果

なぜ、年金の給付と負担について不安に感じる人が９割近くもいるのでしょうか。年金制度の仕組みから「高齢者」と「現役世代」という言葉を使い説明してください。

表 4-4 質問３に対する児童の回答人数

児童の回答分類	回答数(人)
仕組みを正しく答え、不安の理由も正しいもの　a	22
仕組みのみのもの　b	10
不安な理由のみのもの　c	5

誤答	d	1

日本の年金制度に関する知識を問うた。７割以上の児童が、日本の年金制度に関して不安に思っている理由を現役世代の負担増か給付金額の減少であるということを答えることができていた。また、８割以上の児童に関しては、年金制度の仕組みについての理解がされていた。

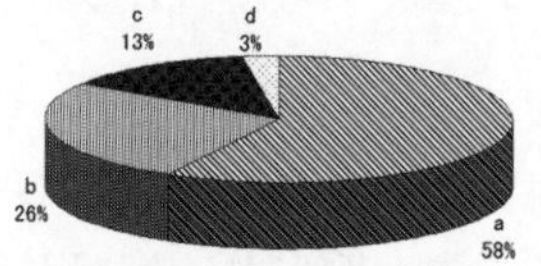

図 4-8 質問３に対する児童の回答割合

エ　質問４及び結果

日本の年金制度について学習しましたが、あなたはどんな老後の生活を送りたいですか。

表 4-5 質問４に対する児童の回答人数

児童の回答分類			回答数（人）
年金と関係	安定した生活がしたい	a	20
	年金制度は不安なので貯金していきたい	b	8
	たくさん年金をもらえるようになりたい	c	8
	保険料をしっかり払って年金をもらいたい	d	3
	制度を理解し年金が分かるような老人に	e	3
健康に・目標をもって・安らかに・長生き等		f	9

半分以上の児童が、自分の老後の生活に安定を求めているということが明らかとなった。また、現在の賦課方式の年金制度と少子高齢社会との関わりから、年金制度に対する不安を抱く児童も見られた。

上記結果より、価値判断を行うための基礎的な知識を身に付けていることが確認できた。しかし、表4-5に示されているように、安定した生活を求めてはいるものの、具体的にどのような状態が安定している状態かについては漠然としており、具体性に欠ける。また、持続可能性といった、制度の問題について追究した児童の回答は見当たらない。

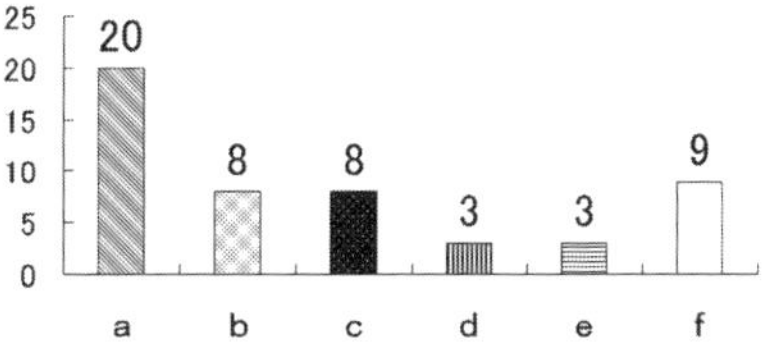

図4-9 質問３に対する児童の回答人数

そこで、これら獲得した知識を基に、年金制度の是非について取り上げることとした。そして、内在する価値に対し、根拠と選択するべき姿勢を明示する場を設定し、児童が追究できるようにした。

(5)　指導に当たって

小学校社会科学習指導要領解説６学年２内容（１）「我が国の政治の動きについて、学習の問題を追究・解決する活動を通して、その事項を身に付けることができるよう指導する。」を受け、本単元を設定した。「国民生活の安定と向上」については、実践当時、文部科学大臣の「児童生徒が年金などの社会保障制度の意義あるいは仕組みを理解して、福祉の在り方を在学中から考えるというのは、これは非常に重要なことであろう（中略）これからの福祉社会の目指すべき方向について考えさせせることにしております。」という発言[10]からも、社会保障制度の一つと捉え扱うこととした。

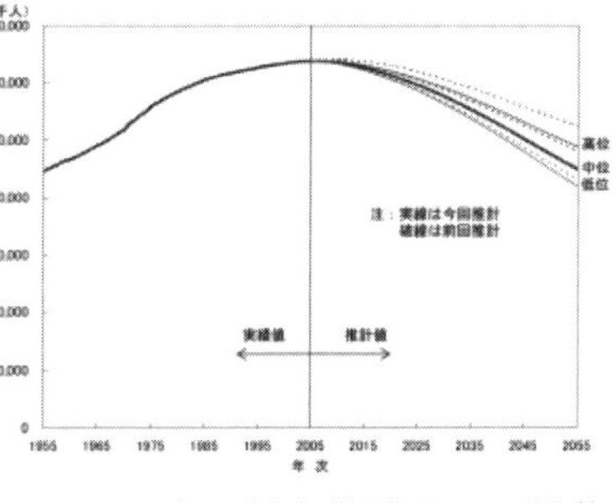

図4-10 日本の将来推計人口の推移（国立社会保障・人口問題研究所『平成18年版社会保障統計年報』より）

年金制度は、生産年齢人口世代（以降、現役世代）の保険料負担で老年人口世代（以降、高齢者）の年金給付に必要な費用を賄うという世代間扶養の考え方を基本に賦課方式により運営されている。しかし、近年では経済の長期的停滞の下、人口の少子高齢化が急速に進行している。図4-10に示したように、2005年に日本の人口は、初めて死亡数が出生数を上回り、総人口では約19,000人の減少となると見込まれる[11]など、人口は減少局面に入った。このような少子高齢社会が進行する中、実践当時、社会保険庁の抱える問題や年金制度持続の不安など各種報道を通して連日伝えられていた。このような実生活での問題を授業で扱うことにより、これからの社会を生きる児童の公民的資質向上に寄与することから、本実践にて取り組んだ。さらに、年金制度の在り方を考えさせることで、対立する価値（組織管理及び個別責任）を勘案し判断できる児童の育成が期待できることも、本実践にて取り組む意義として挙げることができる。

(6)　単元の目標

少子高齢社会が進み賦課方式での財源確保が困難になった場合、現役世代に高い負担を強いたり高齢者の給付額を抑えたりしてまでも年金制度を維持するべきという考えと、賦課方式を廃止し保険料分を自己責任において積立するべきであるという考えを考慮しながら、これまでに獲得した知識を基に理由を付けて年金制度の在り方を考えることができるようにする。

(7)　単元の指導計画（全３時間）

時	主　な　学　習　活　動　・　内　容
1	・年金制度に対する、国民の不安の理由を考える。
2	・将来、現在の年金制度ではどんな利点や問題点が予想されるかを考える。

3 本 時	・年金制度を継続すべきかについて考える。 少子高齢社会の日本では、現在の年金制度を続けていくべきだろうか。

(8)　本時の目標

少子高齢社会での年金制度維持の争点が相互扶助と自己責任であることを考慮しながら、これまでに獲得した知識を基に理由を付けて判断ができるようにする。

(9)　本時における価値の設定

本実践で設定する価値について、以下の表 4-6 に示す。価値についてはそれぞれ選択するべき姿勢及び根拠についても提示する。

表 4-6 本実践における価値、根拠及び姿勢

価値	姿勢及び根拠
組織管理	現行制度継続（賦課方式） ・相互扶助による物価スライド方式や長生きした際にも対応できる利点を重視。 ・大きな政府（政府による管理）に期待する。
個別責任	現行制度廃止（貯蓄方式） ・自己責任における政府依存からの脱却。 ・小さな政府（政府の手を離れた管理）としての存在を願う。

(10)　本時指導案（３／３）

主な発問	予想される発言・思考	指導上の留意点	資　料

少子高齢社会の日本では、現在の年金制度を続けていくべきだろうか。			
・なぜ、このような問題が起きるのかを考えよう。	・日本は少子高齢社会なのに年金は現役世代が高齢者に払う仕組みだから、１人の高齢者の負担を３人で支えるけれど、自分たちが年金をもらう頃にはたった１人で負担しなければならないのは、大変だから。 ・年金保険料を納める人が減り、年金をもらう人が増えるのだから、今よりはもらえないか、今よりたくさん年金保険料を納めなくてはならなそうで心配だから。 ・社会保険庁がきちんと年金を管理しないから。	・これまで扱った知識について共通理解を図る。 ・少子高齢社会と関わりの薄い社会保険庁の問題等が出された場合、この場では取り上げないこととする。	・平成１５年度国民生活選好度調査

・自分の判断に理由を付けてグループの中で話し合う。	現行制度継続を選択 ・今まで現役世代が保険料で高齢者を支えてきたのだから、これからも支えていくべき。 ・今まで払ってきた年金保険料がむだになってしまうから。 ・自分がもらう番になっても、現役世代が年金保険料を払ってくれないと自分たちがもらえなくなるから。 ・貯金していく方法だと、自分が万が一長生きしてしまった時に、貯金が無くなると困るから。 ・国が法律を作り、行われている年金制度だから変更は無理。	※話し合いの手順 ①立場の明確化 ②理由説明 ③質疑 ④話合い後の立場の明確化 ・グループ内で話し合わせる。 ・判断に迷っている児童には、その迷っている理由を話すように促す。 ・話合いで出された考えをグループ毎に発表させる。	

	現行制度廃止を選択 ・少子高齢社会で保険料を払う現役世代の人が少なくなり、もらえる額が減るかもしれないのなら、始めから貯金した方がいい。 ・年金制度をやめれば、社会保険庁もいらなくなるし、そうなれば国の赤字が少なくなって、税金が安くなれば生活しやすくなるかもしれないから。 ・必ず長生きするわけではないし、死んだ時に残っていた貯金を子供とかに遺産として残すことができるから。 ・年金制度が不安だという人がたくさんいるのに、続けていくことは良い制度だとは思わない。		

・それぞれのグループの意見を聞いて、どんなことを考えたか、また納得できたか話し合おう。	制度維持→制度廃止 ・貯金は長生きし続けたらお金が無くなってしまう。けど、年金は死ぬまで払ってくれるから生活ができる。 ・物価が上がれば、貯金が足りなくなると思う。 ・現役世代が今まで払ってきた保険料はどうするのか。お金がないじゃないか。 ・支え合う心が大事で、貯金は自分のことしか考えていない。 制度廃止→制度維持 ・少子高齢社会だから現役世代の人数が減っていくのは確実だし、このままだと、みんなが不安に思っているように現役世代の人の保険料とかが高くなるか、高齢者のもらえる額が減るのは確実。	・制度の優劣だけでなく、誰の立場で考えた意見なのかやどんな立場の人に向けられた意見なのかについて意識させる。	・日本の将来推計人口の推移

	・グラフを見ると、少子高齢社会が変わることもなさそうだ。 ・貯金をたくさんして、無駄遣いしなければ大丈夫。		
・話し合ってみて、どんな判断をしたか考えよう。	所得と関連させている例 ・景気が良くなって、たくさんの保険料を払うことになっても、たくさんの給料がもらえて、物価が安いのであれば年金制度はこのままでいい。	・自己の主張だけでなく、話合いの内容を併せ、総合的に判断するよう指示する。	
	・年金のもらえる金額が変わらず、物価が下がり続けていくのであれば、少ない金額でも生活していけるので、年金制度はこのままでいい。	・正解を求めているわけではないことも併せて指導していく。	

	少子化等と関連させている例 ・子供を育てやすい世の中になり、子供がたくさん生まれるようになって、少子高齢社会でなくなる世の中になれば年金制度はこのままでいい。 ・もし、これ以上少子高齢社会が進み、現役世代が高齢者よりも少なくなったら、年金制度続けていけないのだから廃止し、みんな貯金するべき。 国の経済状態に着目した例 ・もし、国が今以上に赤字になり、年金の管理もできなくなるようだったら、年金制度は廃止し、貯金するべき。		

(11)　本時の評価

少子高齢社会での年金制度維持の争点が相互扶助と自己責任であることを考慮しながら、これまでに獲得した知識を基に理由を付け、説明している。

(12) 本時の主な展開

T…主な発問　　C…児童の反応　　・…主な指示や指導

T　：年金制度を続けるべきか、やめるべきかについて自分の立場を明らかにして考えよう。

> 少子高齢社会の日本では、現在の年金制度を続けていくべきだろうか。

C　：続けるべきだと思う。貯金をしていれば長生きして足りなくなる可能性が高くなると思う。

C　：やめていいと思う。このまま年金制度を使っていったら現役世代１人で１人を支援しないといけなくなるかもしれないし、現役世代も最低限の生活をしなきゃならないので。このまま続けていくと現状がどんどん悪化してしまって、立て直しとか不可能になっていくと思う。

C　：続けるべきだと思う。憲法で最低限の生活ができる権利が認められているので、それに基づいて国が生活できない可能性のある高齢者を支えることが大事だと思ったから。

C　：私は続けるべきだと思う。自分が老後計画的にお金をもらって、自分のしたいことができる。貯金するのをやめてしまうかもしれないし。

C　：やめるべきだと思う。私たちが65歳になった時に20歳から払い続けてきたその分の金額が本当に返ってくるのか不安だからと、現役世代の負担が大きくなるからと、貯金した分、死んでも家族に残せるから。

T　：今の現在の段階で平均的に20歳から60歳まで年金保険料を納めていくと、その40年間で1600万円、そんなに払っても今の制度では1600万円こないかも、今のこの少子高齢社会が続けば。

C　：やめるべきだという意見で、今の少子高齢社会になっているのは、自分で貯金して計画的に使う自己責任のシステムになっているからということと年金を払わなくなると社保庁の問題がなくなるから。
T　：この貯金するって、誰の責任なのかな。
C　：自分の人生だから自分の責任で生きればいいし、さっき、誰かがお金使っちゃうかもしれないって言ってたけど、それもそういうふうに決めたのは自分だから、しょうがないっていうか、仕方ない。
C　：将来使うお金を、自分でためればいいと思う。ためられなかったら、仕方ない。
C　：仕方ないって言っている人は生きていけない人を見捨てるんですか。
C　：自分の人生だから自分の責任だと思う。
C　：それも分かるんですけど、その話って、物価が上がったりした時のことを考えてないし、長生きした時のことも考えてないからちょっと。
C　：でも、今のままだと年金が不安な状態だし、年金が配られなかったら意味ない。
C　：続けるべき方に生存権があるっていうけど、止める場合でも、もしも続けていったら、実際、今の生活がすごく苦しくなって自分で働いてやっと１人分の給料をもらえるというのにその分の保険料までっていうのは辛いと思います。でも、生存権は両方にあると思います。
T　：どのやり方にしても生存権は存在するってことだね。では、もし書けるのであれば、ちょっと譲って考えてみて下さい。
・留保条件を考慮し書くことを指示。

発話記録①

C　：もし少子高齢社会じゃなくて１人で１人を支えることがなく、老後もお金に困ることがなくなるから続ければいいと思います。
C　：もし国や市町村で高齢者の生活でできない人に生活保護を受けさせたりできるんだったら、お金がなくても暮らせるからやめるべき。
C　：１ヶ月の平均の収入によって保険料が変わるのなら続けるべき。平均の月収が何万円以上なら何パーセントとかのように、たくさんの給料をもらっている人からはたくさん負担してもらって、少ししかない人からはちょっとだけっていうようにすればいい。
T　：収入に応じて保険料を払えるのならってことだね。

発話記録②

３　実践分析と考察

ここでは、本実践を発話記録と児童のノート記述より分析し、考察を行う。発話記録では児童が未来予測をふまえ、それぞれの価値にどのように迫ったかについて段階的に示す。

①　年金制度廃止が自己責任と関わっていることに気付く場面

以下は、年金制度廃止が自己責任に基づく生涯設計であること、つまり、個別責任の価値に児童が気付く場面の発話記録である。

T…教師の発言　C…児童の発言

T19：なるほどね。はい、続けるべきという人は、貯金は長生きに対応できない。貯金は長生きに対応できない。ということは、年金制度は長生きに対応できる。物価の上昇に対応、生存権があるから続けるべき。計画的にもらえるという意見だね。やめるべきというのは現役世代の負担が大きくなるし、社保庁がなくなればかかる経費がなくなるから税金がうくんじゃないか。ういた分税金が減るんじゃないか。それから、早くに亡くなっても貯金を残せるんじゃないか。そして、高齢者はもらえる年金が少なくなるんじゃないか、払った分より年金が来ないんじゃないか。これって、誰の責任なのかな。

C28：自分の責任。

C29：自分の人生だから自分の責任で生きればいいし、さっき、誰かがお金使っちゃうかもしれないって言ってたけど、それもそういうふうに決めたのは自分だから、しょうがないっていうか、仕方ない。

T20：ほう、自分の責任で生きていくんだってこと言ってるけど、この意味は分かるかな。どういうこと。

C30：将来使うお金を、自分でためればいいと思います。ためられなかったら、仕方ない。

T21：ほう、自分の責任で生きていくんだという意見ですが、どうでしょう、この意見聞いて。

C31：仕方ないって言っている人は、仕事を辞めてから生きていけない人を見捨てるんですか。

C32：自分の人生だから自分の責任だと思います。

C33：それも分かるんですけど、その話って、物価が上がったりした時のことを考えてないし、長生きした時のことも考えてないからちょっと。

C 34：でも、今のままだと年金が不安な状態だし、年金が配られなかったら意味ないと思います。
C 35：負担が大きいと書いているけど、貯金しても、今は物価が高いから貯金できるかどうか分からないけど、年金制度を続ければまだもらえる可能性があるかも知れないと思います。
C 36：計画的にもらえるってなっているけど、貯金でも 65 歳までためていけば、自分で計画的に使えると思うから、やめるのも同じだと思います。
C 37：続けるべき方に生存権があるっていうけど、やめる場合でも、もしも続けていったら、実際、今の生活がすごく苦しくなって自分で働いてやっと１人分の給料をもらえるというのに、その分の保険料までっていうのは辛いと思います。でも、生存権は両方にあると思います。

それまで、賦課方式と貯蓄方式の優劣についてのみ話し合われてきたのだが、責任の所在を問うたところ C28 において、年金制度廃止の児童は自己責任について触れている。それだけではなく、C29～C30 については自己責任に付随するリスクも勘案し発言している。そして、年金制度継続の児童は、弱者に対する支えが必要であることを述べている。

つまりここでは、児童の発言から組織管理と個別責任について、知的に気付き、説明できる児童が現れたといえる。

②　留保条件を付け意見を見直している場面

以下は、まとめの段階で留保条件を付けることで歩み寄りと、反対意見の課題に気付いていく場面での発話記録である。

C 42：私は、もし少子高齢社会じゃなくて１人で１人を支えることがなかったら、老後もお金に困ることがなくなるから続ければいいと思います。
T 24：少子高齢社会じゃなくなったら続ければいいね。なるほどね。

C 43：もし国や市町村で高齢者の生活できない人の責任をとり、生活保護を受けさせたりできるんだったら、お金がなくても暮らせるからやめるべき。
C 44：はい、僕はもしも１ヶ月の平均の収入によって保険料が変わるのなら続けるべきだと思います。他の税みたいに平均の月収が何万円以上なら何パーセントとかのように、たくさんの給料をもらっている人からはたくさん負担してもらって、少ししかない人からはちょっとだけっていうようにすればいいと思います。
T 25：収入に応じて保険料を払えるのならってことだね。
C 45：僕はもし年金保険料の払う額を変えないで、国が残りの額を負担してくれるのなら国民全体の生活が楽になるから続けてもいいと思います。
C 46：もし年金制度をやめて絶対減税されるんだったら、年金制度をやめてもいいと思いました。理由は、今現在、物価が上昇する可能性が大きくて、もしかして税が落ちるんだったらガソリンの値段も落ちたりするかもしれないからやめてもいいかなと思いました。
C 47：私はもし自分が 66 歳とかで死んで本当はもっと年金がもらえるはずだったのにもらえなかった場合に、もらえなかった分のお金をちゃんと残っている遺族とかに行くんだったら、続けてもいいと思います。

C42～47 の児童は、留保条件を付け意思決定を行っている。留保は主に、対立意見の問題点に対し歩み寄る合意形成的な意見として解決を図ろうとしている児童の姿に見られる。C44 では累進的な負担を意識し、年金制度の見直しを図ろうとする児童も見られ、組織管理と個別責任の価値に加え、新たな視点を生み出そうとする児童の姿も見られた。

上記場面①及び②より、物価の変動や長生きした際の未来予測等を視点とし、メリットやデメリットを勘案しながら、組織管理や個別責任の価値に気付き、意思決定を行う児童の姿が見られたといえる。

第３節　組織管理と個別尊厳を扱う内容編成

1　価値の概要

本節では、包摂主義の組織管理と非包摂主義の個別尊厳を価値として設定した授業開発を行い、実践及び分析を通して、その特質を明らかにする。先に述べた通り、組織管理は組織が慈愛的に市民に接し、組織に依存させながら市民を管理していこうとする価値である。また、個別尊厳は組織が市民の尊厳を傷つけず、非権威的な態度で接する価値である。例えば、少数派に対する差別を認めず、尊厳ある生き方を送れるよう保障する。その点において、組織の介入を認めている。

上記２つの価値について橋本は、現代に相応する課題としてたばこ規制問題を例に掲げ、根拠及び選択するべき姿勢を考察している。組織管理については、たばこの規制に賛成する[12]としている。それは、たばこには害（依存性・有害性等）があることから、広告によって消費を煽るようなことを避けるという行動を選択するからである。また、依存症に陥った者に対しては、治療面で手厚く施すといった行動を選択する。対して個別尊厳は、喫煙者の自由を認める主張を行う[13]としている。それは、喫煙に対して国家が介入するというのは、喫煙者の尊厳を傷つけるといった観点によるとしている。また、たばこの煙によって被害を受ける人たちの権利も守りたいと願うことから、分煙による市民の共存を図る姿勢を選択する。このように価値については、選択するべき姿勢と根拠を明らかにしていくことが重要である。

2　農業保護か自由貿易かを問う
―TPP 参加の是非について（第５学年）―

本項では、前項にて提示した包摂主義の組織管理と非包摂主義の個別尊厳を価値として設定した実践を提示する。具体的には、TPP 参加の是非について、工業を中心とした産業の発展重視か、農業を中心とする国内産業の保護かを問う、第５学年の授業である。

本実践にて扱う価値は、次の通りである。包摂主義のうち、強者である組織が慈愛心をもって弱者となった市民に接し、組織に依存させながら市民を管理していこうとする組織管理と、組織が市民の尊厳を傷つけず、非権威的な態度で接する個別尊厳を価値とする。つまり、この場合の組織である国家管理の下、従来の関税による国内産業の保護を重視する立場が組織管理となる。また、農家の生きる道を国家介入として導いていくのではなく、農家がこれからの世の中を生き抜いていけるような支援の在り方が個別尊厳となる。本実践は、これらの価値の明示的な追究を目的としている。

そこで、上記構想に基づき構成したTPPの是非について児童に考えさせる実践を提示する。はじめに授業計画を提示し、単元及び本時の構想や児童の実態を明らかにする。次に授業の発話記録や言語活動の成果より考察し、本実践の成果を明らかとする。

(1)　内容構成の視点

本実践は、経済的利得と人権を考慮させ、TPP推進の是非を問う第５学年の価値判断授業である。

構成の視点は、２点である。第一に、経済的利得と人権とを明示的に追究させ判断の根拠を明らかにし、対立するそれぞれの立場から説明し、その質を勘案することができるようにすることである。授業では、推進によって不利益をうる少数者の意味と根拠を吟味させていく。第二に、経済的利得と権利との相克において、どちらかの優位性を勘案させることである。

この事例では約1,600万人の工業関係者及びTPP加盟推進させることによって日本国民の厚生を最大化しようとする政府と、加盟によって不遇な立場となる農業就業者（実践内では農家）との対立として捉えることができる。

(2) 価値の設定

本実践では、日本国民の厚生を最大化しようとする考え方を組織管理の価値として設定し、不遇な立場となる農家に対する手の差し伸べを個別尊厳の価値として設定する。TPP を具体的に取り上げた実践では、菅野信広の「工業生産の旅[14]」がある。ここでは、小学校第５学年において TPP 参加の理由を農業や漁業の立場からと、工業の立場から考察し、理解させていくことに主眼が置かれている。つまり、視点を広げることで、知識を広げていくことに意義がある。しかし、その是非について問うておらず、価値についての扱いが見当たらない。また、貿易については中学校の実践であるが、猪瀬武則の「中学校社会科公民分野における実践的意思決定能力の育成[15]」がある。ここでは、シミュレーション教材である「貿易ゲーム」を用いて、生徒に社会科の実践的意思決定能力を育成することを目的として行われている。ゲーミングシミュレーションから振り返りの活動を大切にし、生徒の気付きから知識を導くことは有効な活動であり、アクティブ・ラーニングの実践としても意義がある。加えるのが可能であれば、展開内に国内産業に対する保護の観点をも生徒に求めることで、生産に関する経済概念の更なる形成を図ることが可能となったであろう。

そこで、本実践においては自由貿易を推進する TPP に内在する価値について扱い、それぞれの立場内に存在する価値について知的に気付き、判断できるよう指導していくこととし、以下に実践と考察を示す。

(3) 単元名

第５学年「これからの食料生産」

(4) 児童の実態

当該学級の児童の多くは、既有の知識と資料等に矛盾を感じた場合、「なぜ」で問うことを身に付けている。身に付けた知識と矛盾した事実に出会った場合、そこを学習課題として学び進めれば、知的欲求が満たされることを知っているからである。また、出会った事実に対して、その必要性やメリットを問う児童も多い。一方で話合いの場面では、なかなか自分の意見が言えなかったり、疑問があっても声に出しづらそうにしていたりする児童の存在も認められる。同様に、多くの児童が賛同する意見に押され、自分の意見を言えないでいる児童も存在する。そこで、社会的価値論争問題を取り上げ、グループで話し合う活動を取り入れた。対立する価値に対し、少人数のグループ内で学ばせることで、先に述べた児童の課題を解消する方策となるからである。まず、少人数での話合いにより、話し合う児童同士の知識の整理が図られるからである。学習課題が理解できないでいる児童に対して、グループ内で説明する児童は、説明しながら自己の知識を整理できる。また、説明を受ける児童は、その説明により理解を深められる状況となる[16]からである。価値判断ではこの話合いにより、社会的論争問題内に存在する価値の認識が深まる。また、自分の意見を話す際、少人数であることから、自分の意見を学級全体へ向けて話すより話しやすい環境となることから、本実践にて取り入れた。

前年度の実施した当該学級児童対象の社会的論争問題を設定した価値判断の授業では、児童の反応にJ・ベンサムの功利を優先し、J・ロールズに代表される正義については軽視している姿が見られた。ダム建設に際し、湖底に沈む村を考慮しその是非を問う実践では、半数以上の児童に多くの人々を救うことが重要であるといった功利を判断の根拠とする様子が見られた。そして、少数の立場となる人々、いわゆる正義については「しかたがない」「少数の人々は我慢すればいい」といった言葉で片付けてしまう児童も少なからず見られた。そこで本実践では価値を精査し、包摂主義の観点を基軸とした価値を用い、児童に判断させることとした。

(5)　指導に当たって

小学校社会科第５学年の内容「我が国の農業や水産業（食料生産）の様子と国民生活との関連」では、第４学年実践同様、その実際と関係者の工夫及び努力が学習の眼目になっている。本単元では日本の食料確保のための働きや食料の輸出入について、知識の獲得はもちろんのこと、獲得した知識を基に論争問題について価値判断させ、組織管理と個別尊厳の優位性を立場ごとに吟味させることを目標とした。

単元全体では食料の輸出入について扱うが、本時ではTPP（環太平洋経済連携協定）問題を取り扱うこととした。TPPは自由化レベルが高い包括的な協定であり、ものやサービスの貿易自由化だけでなく、政府調達、貿易円滑化、競争政策などの幅広い分野を対象としており、物品の関税は例外なく10年以内にほぼ100%撤廃することを原則としている。TPP参加のメリットについて政府は、関税撤廃による一層の貿易自由化進展、日本製品の輸出額増大、TPP協定参加国内での日本企業の投資の正当な扱い、などを挙げている。デメリットとして、原則、即時全品目の関税撤廃、農業の衰退や自給率低下や食品添加物・遺伝子組み換え食品・残留農薬などの規制緩和による食の安全性の低下[17]を挙げている。以上の詳細な知識を網羅することが目的ではなく、あくまで児童の実態や発達段階に見合った単純化された情報とその背後にある価値の対立を設定した。

本時において対立する立場は、農家と工業関係者である。TPPに参加することにより、前者は約230万人[18]がデメリットを受け、後者は約1,600万人がメリットを享受できると予想される。児童には、個別尊厳の立場であれば工業関係者を優先し農家には自立を促し、組織管理の立場では農家に対し手を差し伸べる判断を行わせた。これらのメリット・デメリットから、児童にはいずれの立場も勘案させる。そしてTPP参加についての賛成や反対の立場を明らかにさせ、日本の農業について、今後の在り方を判断させていく授業の展開とした。

(6)　単元の目標

・我が国は食料確保のために、自給率の向上を図ったり、海外から輸入をしたりしていることが分かるようにする。

・農家は農業所得の向上のために、農産物の輸出を行っていることが分かるようにする。

・対立する立場の背後には、解決困難な課題があることを認識させるようにする。

(7)　単元の指導計画（全7時間）

時	主な学習活動・内容
1 2	・食料自給率のグラフから、日本の食料の輸入について考える。 【足りない分の食料は、どうしているのだろうか。】 ・調べる活動を通して、食料自給率がカロリーベースで40%台の日本は、ほとんどの食料を輸入に頼っていることについて考える。
3	【なぜ、食料輸入国なのに、減反を進めているのだろうか。】 ・生活の仕方や食べ物の種類が増えたことにより、米の消費量が減ったことで、減反が行われるようになったことについて考える。 ・調べる活動及び確かめを行う。 【なぜ、米は余っているのに、毎年輸入を行っているのだろうか。】 ・ミニマムアクセスについて調べ、関税について考える。 【なぜ、海外の米や小麦は日本より安い値段で販売できるのだろうか。】 ・機械集約型の農業による、農産物の低価格生産について考える。

4	なぜ、海外産の魚介類は日本より安い値段で販売できるのだろうか。 ・人件費や物価が安い、中国や東南アジア諸国等での産業について調べ、考える。
5	なぜ、総理大臣がTPP参加に向けた話合いをすると言ったことに対して農家の人々は反対しているのだろうか。 ・工業は輸出の増加が見込まれるが、農業は自給率の低下や農業を辞める人の増加が予想されるということが分かる。
6 本 時	TPP参加に賛成か。 ・TPP参加の是非について、既習を基に考えることができる。また、判断の根拠を明らかにし、説明している。
7	林業や水産業の様子から、これからの日本の食料生産について考えよう。 ・日本の食料生産は自由化による影響をデメリットとして受けることが予想されるが、一方で生き残っていくための様々な工夫が行われていることが分かる。 ・まとめと振り返りをする。

(8)　本時の目標

TPP参加の是非について、既習を基に思考し、判断することができるようにする。また、判断の根拠を明らかにし、対立するそれぞれの立場から説明し、その質を勘案することができるようにする。

(9)　本時における価値の設定

本実践で設定する価値について、以下の表4-7に示す。価値についてはそれぞれ選択するべき姿勢及び根拠についても提示する。

表 4-7 本実践における価値、根拠及び姿勢

価値	姿勢及び根拠
組織管理	TPP 参加に反対 ・関税による農業など国内産業の保護。 ・零細農家の保護。
個別尊厳	TPP 参加に賛成 ・自由貿易の推進による農家の自立重視。 ・輸出主導の景気向上。

(10)　本時指導案（6／7）

主な発問・指示	予想される発言・思考	指導上の留意点	資　料
・首相の記者会見を見てみよう。	・TPP に参加するって言っている。 ・農家は困るんじゃなかったかな。 ・本当にいいのかな。	・政府が TPP 参加交渉を始めることについて捉えさせる。	・首相記者会見 VTR
日本の TPP 参加に賛成か。			
・TPP に参加した場合、将来、どんなことが予想されるだろうか。	・関税が無くなるから、貿易が盛んになって、日本の製品の輸出が増えてもうかるんじゃないかな。	・前時までに学んだ TPP 参加のメリット・デメリットを想起させる。	

	・安い商品が外国から入ってくることで、値段が安くなって、お財布に優しくなるんじゃないかな。 ・日本国内の農産物は値段が高いから、外国の安い農産物が売れて、農家はやっていけなくなるんじゃないかな。 ・食糧の自給率も下がるんじゃないかな。	・第１次産業就業割合（４％）について触れる。 ・農業生産額（約８兆円）及び工業生産額（約300兆円）についても触れる。 ・グループで討論させ、意見が対立したようなグループから、発表させる。	・労働力調査統計
・TPP参加に賛成かについて考えよう。	賛成 ・農業は４％だけだけど、他の輸出でもうかって、日本の景気が良くなると思うから。 ・工業と農業では工業の割合も大きいし、参加した方がもうかると思うから。		

	・工業とかで働いている人が多いから、多くの人を助けてあげればいいと思うから。 ・物が安く買えるようになるから。 反対 ・４％の人でも、農業で生活しているのだから、無視してはだめだと思うから。 ・食料の自給率がこれ以上下がったら、外国が食料を売ってくれなくなると、困ることになるから。 ・弘前のリンゴとかを好きな人がいても、農業をやる人が減ってしまって食べられなくなったら、困るから。		

・農家の人々がTPP参加後であっても、農業を続けて行く方法はないのだろうか。	・値段が高くても、お客さんがどんどん買ってくれるような農産物を作れば、農業を続けていけると思う。 ・安い農産物が輸入されるのだから、できるだけ安く農産物を作れるようにすればいいと思う。 ・減反政策でやってた休耕田補償制度のように、農家にお金を配ればいいと思う。	・少数となる農業の立場について取り扱う。	
・国が農家の人を応援する方法には、どんな方法が考えられるだろうか。	・もっと、人気があって高い値段でも売れるような品種を改良してあげるようにすればいい。 ・もっと、作業が楽で、お金がかからなくても育つ品種を改良してあげるといいと思う。	・単に補償制度を持ち出した場合、日本の経済の現状について触れる。	

	・お金を配ればよいと思う。		
・分かったことをノートにまとめよう。	（例1）TPP参加に賛成です。わけは、日本の景気がよくなると思うからです。だけど、農家の人が安心して農業をやっていけるためにも、品種改良して、世界でも高い値段で売れる農産物をみんながつくれるようにしないとだめだと思います。 （例2）TPPに参加に反対です。今でも、食料自給率が低いのに、農家が減ってしまったら、食料の輸入ができなくなった時に困るからです。そして、品種改良とかしたり、お金を配ったりするとかするのにも、やっぱりお金がかかりそうだからです。		
・実際に、国や農家では、どのように考えているか確認しよう。		・時間が無ければ次時にて取り扱う。	・ニュースVTR ・新聞記事

(11)　本時の評価

根拠を基にTPP参加の是非を明らかにし、農業についても考慮し、説明している。

(12) 本時の主な展開

T…主な発問　　C…児童の反応　　・…主な指示や指導
T　：なぜ、農家はTPP参加に反対しているのだろう。

C　：外国の安い農産物が輸入されると、日本の農家が困ってしまうから。

・TPP による日本経済に与える影響についての図 4-11[19] を提示。

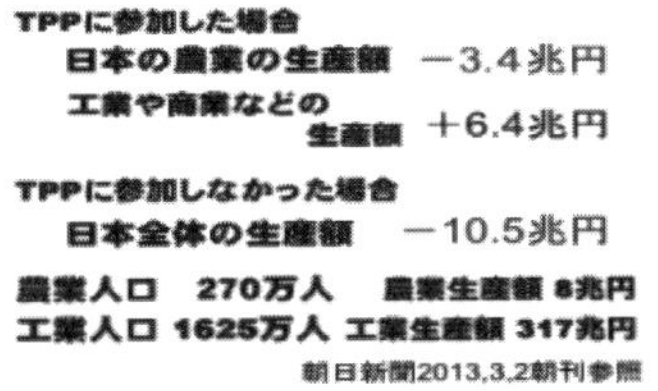
TPPに参加した場合
日本の農業の生産額　－3.4兆円
工業や商業などの生産額　＋6.4兆円
TPPに参加しなかった場合
日本全体の生産額　－10.5兆円
農業人口　270万人　農業生産額 8兆円
工業人口 1625万人 工業生産額 317兆円
朝日新聞2013.3.2朝刊参照

図 4-11 TPP 参加による日本に与える影響（朝日新聞 2013 年 3 月 2 日朝刊 p7 記事を基に授業者作成）

C　：農業はダメージを受けるけど、工業　の売り上げが大きい。

C　：農業でも工業でも同じくらいもらえ　るようにならないかな。

C　：参加しなかったら、もっと景気が悪くなってしまう。

日本の TPP 参加に賛成か。

・挙手によりこの時点での賛否を問うたところ、２名以外は全員が賛成であった。

C　：日本が得をするから。

C　：日本全体で考えると、景気がよくなる。

C　：反対する農家の人々が、国会議事堂に押し寄せてくるんじゃないかな。

T　：生活できなくなるような農家が出てきても、賛成かな。

C　：農家に対して、国で制度を作ってあげれば、多分、大丈夫。

C　：米の生産調整の時のように、補助金とか配ればいい。

C　：でも、農家はそれでも怒っていると思う。

C　：農業をやっている人が工業をやればいい。

C　：それはどうかなあ。

T　：補助金しか手立てがないかな。

発話記録①

発話記録②

C　：工業や商業の利益を分けてやればいい。
C　：補助金で土地を買って大規模生産ができるようにすればいい。
C　：農業だけは関税をかければいい。
C　：それだと、自由貿易にならないのでは。
T　：どういった農産物だと、値段が高くても消費者は購入するだろうか。
C　：おいしい。安全。
C　：品種改良すればつくれる。
T　：そういった農業に対して、国では予算をかけ、農業を応援すると言ったけど、値段が高くてもみんなが欲しがるような農産物はつくることができるのだろうか。
・関連するVTR[20]を流す。
T　：みんなは安いと売れると言ったが、VTRで紹介したリンゴはどうだったから売れたのだろう。
C　：おいしいから。品質がよいから。
C　：(VTRで紹介されていたリンゴを示し) こういう農産物だと売れる。
T　：もう一度、日本のTPP参加に賛成かどうかをノートにまとめよう。

3　実践分析と考察

ここでは、本実践を発話記録と児童のノート記述より分析し、考察を行う。発話記録は、話合い活動を通して、児童が未来予測をふまえ、それぞれの価値にどのように迫ったかについて変化が見られた様子を段階的に示す。

(1)　発話記録による分析

①　財の分配による組織管理の価値にとらわれている場面

以下では、農家に対する救済の形が財の配分にとらわれている児童の姿が見られる。つまり、組織管理にしか気がつかない児童の姿が現れている場面での発話記録である。

T…教師の発言　C…児童の発言

C36：もしも、生産額がマイナスになった時には、国で新しい制度みたいのができるからたぶん大丈夫。
T26：こういうことがあったら、国がなんかしてくれるってことですか。国ってどんなことしてくれるのさ。
C37：補助金。
T27：補助金て何。何かの時って、補助金ってあったかな。
C38：米の生産調整。
C39：転作。
C40：違う作物を作る。
C41：休耕田とか。
T28：となると、国から何が出るって話だっけ。
C42：補助金。
T29：お金、補助金が出るって話。国が何かしてくれる、それしかないかな。この話がどんどん進んでTPPに参加した後。
C43：確かに景気は良くなるけど、農家の人達と工業の人達が対立して、日本が分裂しちゃうから意味ないじゃん。
T30：これ、大変だなぁ。でも、そういった農家の人たちが悲しい思いをするっていうこと言ってるんだよね。じゃあ、TPPに参加した後、農家はどうなるの。
C44：破産。
T31：そうかな。
C45：工業やればいい。

T32：今まで農業をやってきた人が、すぐ、違う職業とかやれるかな。
C46：やれない。お年寄りが多いから。
C47：そうそう、多かった。
T33：多かったよな。その人に明日から工業やれってことですか。
C48：無理だ。

農家に対する手の差し伸べ方として、補助金による財の配分についてのみ語られている。C38～C42は、これまで獲得した知識を基に答えているのだが、減反政策や青田刈り、休耕田補償といった政策の際、これまで日本の農家への対応が補助金による対応が前面に打ち出されていたことに他ならない。

ここでは、児童の発言から農家への手の差し伸べ方を政府による補助金政策、つまり、組織管理を念頭においた考えでしか気付けない児童の姿がうかがえる。

② 農家の尊厳を守ろうと考えている場面

以下は、どのような社会状況においても農家が力強く生きていけるよう、児童が考察している場面での発話記録である。

C52：４班では、国から補助金をもらって、土地代の補助金をもらって、田や畑の面積を広くして、大量生産すれば安く売ることができるので、ちゃんと売れると思います。
T35：国から補助金、その補助金の使い道は何代だって。
C53：土地代。
T36：土地代。土地代にすると何なの。
C54：面積が大きくなるから大量生産できる。
C55：５班では４班と同じで、大量生産をすれば安くなるから、農産物を大量生産して安くすればよいという意見が出ました。
C56：農業はTPPに反対しているから、そのまま関税をかけて外国から輸出されたお米とかは関税をかけて農業にはかけない。

C57：それ自由貿易じゃない。
C58：TPP じゃなくなってるし。
C59：他の国は絶対、参加させてくれないし買ってくれない。
T37：補助金で広い土地を買えれば大量に作れて安くなるって、これどっかでやってたかな。こういうやり方って。広い土地で、大量生産で安くなるって。
C60：頑張ればできる。
C61：アメリカやカナダ。
T38：アメリカやカナダがやっているように、日本でもやればできるんじゃないっていう話かな。
C62：かなわないと思います。機械とか小さいから。

C52 以降の児童の発言は、補助金の使い道を農家の所得とするのではなく、機械集約的な大規模農業経営の推進のために使用すると述べている。農業経営環境の整備により、農家がどのような状況であろうとも、たくましく生きていけるようにするために、政府の整備を要望するといった価値の選択である。つまり、個別尊厳の選択がこの時点で見られるようになった。

(2)　まとめの段階でのノート記述記録による分析

TPP 参加に賛成か否かの発問を契機に授業は展開した。授業内ではほとんどの児童は賛成であり、少数の児童が反対の立場であった。もちろん、保護者が農業に従事している児童が少ないこともあるものの、多数の賛成者の存在より、児童の認識が組織管理に向いていることを物語っている。

したがって、構成の基本にある、経済的利得と人権との明示的追究に関しては、貿易による国民全体の経済的な厚生を重視している児童が見られた。一方、自由化による農家への影響を最小限にしたい児童によって、価値の明示的追究がなされたといえる。

とはいえ、考察すべき３つの論点が明らかになっている。第一に、

TPPに賛成するにせよ反対するにせよ、依拠する価値は図4-12のように輻輳しており、単純な二項対立で分けられないということである。全体の利益を考えながら、同時に、損失を受ける農家への眼差しが児童に見られる。第二に、農家の損失や権益を補償（補填）することにより、賛成するという留保条件付きの賛成があり、これも先の眼差しと同様のものだ。第三に、農家は経済的損失を超えて、農業をする自由、権利が保障されるべきとする反対があることである。一人ではあったが、まさに、組織管理の質が問われている。

つまり児童は、個別尊厳を是としながら、少数となる農家に対して権利の観点から考慮した結果となったのである。組織管理と個別尊厳の明示的追究が、萌芽的になされたと読み取ることができる。

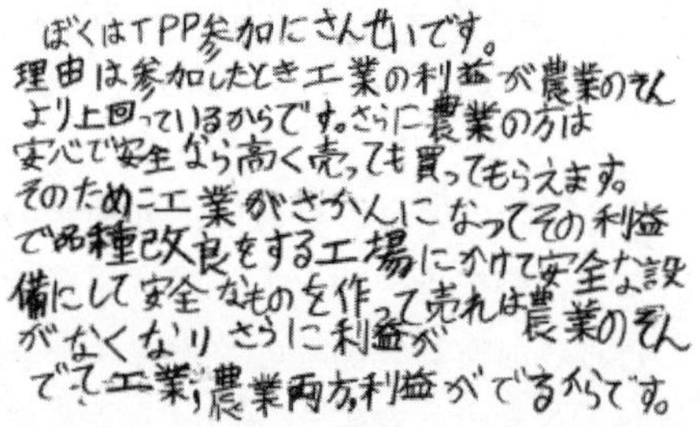
ぼくはTPP参加にさんせいです。
理由は参加したとき工業の利益が農業のそん
より上回っているからです。さらに農業の方は
安心で安全なら高く売っても買ってもらえます。
そのために工業がさかんになってその利益
で品種改良をする工場にかけて安全な設
備にして安全なものを作って売れば農業のそん
がなくなりさらに利益が
でて工業、農業両方利益がでるからです。

図4-12　両方の立場を支持する記述

第４節　組織協同と個別責任を扱う内容編成

１　価値の概要

本節では、包摂主義の組織協同と非包摂主義の個別責任を価値として設定した授業開発を行い、実践及び分析を通して、その特質を明らかにする。先に述べた通り、組織協同は組織が対象となる市民の主体化を目的として介入する価値である。また、個別責任は組織が対象となる人々に対し、たくましく生きていくように求めるという価値である。つまり、自己責任の原則による生きる力の育成を願うものとなる。

上記２つの価値について橋本は、現代に相応する課題としてたばこ規制問題を例に掲げ、根拠及び選択するべき姿勢を考察している。組織協同は、この問題について「できるだけ主体的になれるように」という観点から規制を試みる[21]と述べている。それは、たばこをやめたいと思う人に対しては主体的・自立的にやめるためのプログラムを施すべきという姿勢を選択するからである。対して個別責任は、この問題について自由と規制が混在する[22]と述べている。それは、終日禁煙とすることで生産性を上げ、手を抜かず、労働するといったたくましさを求めるという行動を選択する一方、それ以外においては喫煙を認める行動を選択するからである。このように価値については、選択するべき姿勢と根拠を明らかにしていくことが重要である。

２　子育ての保育負担減か一律の個人負担増反対かを問う
―「子ども手当の導入について」（第６学年）―

本項では、前項にて提示した包摂主義の組織協同と非包摂主義の個別責任を価値として設定した実践を提示する。具体的には、子ども手当の導入について、子育て世帯の負担減か、個人への一律負担増への反対かを問う、第６学年の授業である。

本実践にて扱う価値は、次の通りである。包摂主義のうち、対象となる市民に対し、組織に依存しなくても生きていけるように主体的で自立した人間を育てようとする組織協同と、組織が対象となる市民に対し、たくましく生きていくように求めるという個別責任を価値とする。つまり、この場合の組織である政府の政策として子育て世帯の負担減より、子育てのしやすい世の中を目指す組織管理が価値の一つとなる。また、税の再分配がなくとも、子ども手当に当てる分の税を個人所得として子育てに回せるように期待する個別責任がもう一つの価値となる。本実践は、これらの価値の明示的な追究を目的としている。

そこで、上記構想に基づき構成した子ども手当導入について児童に考えさせる実践を提示する。はじめに授業計画を提示し、単元及び本時の構想や児童の実態を明らかにする。次に授業の発話記録や言語活動の成果より考察し、本実践の成果を明らかとする。

(1)　内容構成の視点

本実践は、富の再分配による配分的正義を考慮しながら子ども手当の導入について考える、第６学年公民分野の授業である。

構成の視点は、２点である。第一に、配分的正義について明示的に追究させることである。授業では子育ての保育負担減か一律の個人負担増反対かについて取り上げ、掘り下げて考えさせる。第二に、これからの我が国において、対立する価値の優位性について勘案させることである。

この事例では、子ども手当の実施により日本の少子化に歯止めをかけようとする政府と、一律の税負担ではなく子ども手当に当てられる分の税負担を軽減することで、個人所得として子育てに回せるようにするべきであると考える子育世帯以外の人々の２つの立場を考慮させていくことが求められる。

(2)　価値の設定

本実践では、子ども手当の実施により、主体的に子育てができるようになることから日本の少子化に歯止めをかけようとする政府の考え方を組織協同とする。また、一律の税負担ではなく子ども手当に当てられる分の税負担を軽減することで、個人所得として子育てに回せるようにするべきであると考える子育世帯以外の人々の考え方を個別責任とする。富の再分配による配分的正義を設定した実践として平川公明の「わたしたちのくらしと憲法[23]」がある。児童は低・中・高所得者と国会議員とに分けられた役割分担よりロールプレイングを行い、それぞれの所得層の立場から、均等税制度か累進課税制度かの選択を話し合うことで、配分的正義に気付いていく展開としている。この実践では、累進課税が法の下の平等に反するものではないという知識の獲得のため行われた実践であり、福祉の実現が目的であるということを児童に捉えさせることを念頭に置いている。本実践においても同様に福祉の実現が目的であることを児童に捉えさせるものとなっているが、その素材を累進課税という税制に求めたのではなく、子ども手当という政策に求めた。

そこで、本実践においては子ども手当実施に際し、政府と子育て世帯以外の人々といった立場内に存在する価値について知的に気付き、勘案できるよう指導していくこととし、以下に実践と考察を示す。

(3)　単元名

第６学年「わたしたちの願いを実現する政治」

(4)　児童の実態

当該児童が実践実施前に修学旅行へ向かう際、担任教諭から保険証のコピーを集められていた様子を手がかりに調査を行った。数名の児童に、保険証を何の目的で集めているのかを問うと「病気になったりするかもしれないから。」という返答であった。そこで、当該学級の児童（全 29 名）に対し、保険証が果たす役割についてどのくらいの認識があるのか。また、同様に社会保障制度や租税についてはどのように捉えているのかを調査した。

ア　質問１

修学旅行で保険証のコピーを先生方が集めたのは「旅行中に病気になった時、病院に提出するため」ですが、なぜ、病気になった時病院では「保険証」が必要なのでしょうか。

質問１の結果

表 4-8 質問１に対する児童の回答人数

児童の回答	回答数(人)
「本人確認のため」に類する回答	18
「血液型や病歴が分かるから」に類する回答	8
「保険がきくから」に類する回答	3

イ　質問２

今月から始まった「子ども手当」は、子供がいるおうちの方へ配るお金です。なぜ「子ども手当」をおうちの方へ配るのでしょうか。

質問２の結果

表 4-9 質問１に対する児童の回答人数

児童の回答	回答数(人)
「親が育てているから」に類する回答	10
「子供に使うために」「子育てに使うために」に類する回答	9
「子供にお金をやっても無駄遣いするから」に類する回答	5
「(ケガや病気の時)子供の治療代として」に類する回答	4
「分からない」と回答	1

ウ　質問３

みなさんが４年生の時、附属小学校を新しく建て直したお金は、「どのようにして」集められたのでしょうか。

質問３の結果

表 4-10 質問１に対する児童の回答人数

児童の回答	回答数(人)
「募金（赤い羽根ベルマーク含む）・寄付」に類する回答	14
「附属の親たちから出してもらった」に類する回答	11
「大学から」と回答	3
「税金」と回答	3

上記ア～ウより、多くの児童が社会保障制度と税制について、自身の目から見える表面的な役割で捉えている。税制については歴史学習において大化の改新後、大宝律令により制度が整えられ、税が国づくりの財源となっていくことを指導した。さらに、それ以降、荘園や領地での米を基にした税について扱ってきた。しかし、現代のように金銭による税の仕組みについては実践段階において未習であった。そのため、表 4-10 のように学校建設といった公共工事について、税が果たす役割を認識している児童の割合が他と比較して低い結果となった。

(5)　指導に当たって

小学校社会科学習指導要領解説６学年２内容「(１) 我が国の政治の働きについて、学習の問題を追究・解決する活動を通して、次の事項を身に付けることができるよう指導する。」「ア（イ）国や地方公共団体の政治は、国民主権の考え方の下、国民生活の安定と向上を図る大切な働きをしていることを理解すること。」を受け、本単元を設定した。新しい教育の課題として対応すべき社会保障制度については「高齢者や障害者のための福祉政策、健康医療に関する事業、子育て支援事業など」と述べられていることからも、本単元において社会保障制度を事例として取り上げた。

本単元では単なる政治の仕組みや名称を暗記させることを目的としているのではなく、因果関係や内在する価値に知的に気付くことを目標としている。そのために、実社会の政治を捉えるために、政治の仕組みを児童とつなげなければならない。そこで、実践当時マスコミ等で取り上げられており、児童自身がよく耳にしている子ども手当を中心に単元を構成した。子ども手当を始めとする、日本の社会保障制度の仕組みは支え合いで成り立っている。そのために図 4-13 のような少子高齢化による人口減少という問題が社会保障制度とどう関わり、将来どのような問題が起こると予測されるのかを認識する必要がある。この、現在だけではなく未来も予測する思考を身に付けることが、持続可能な社会を形成する能力となる。

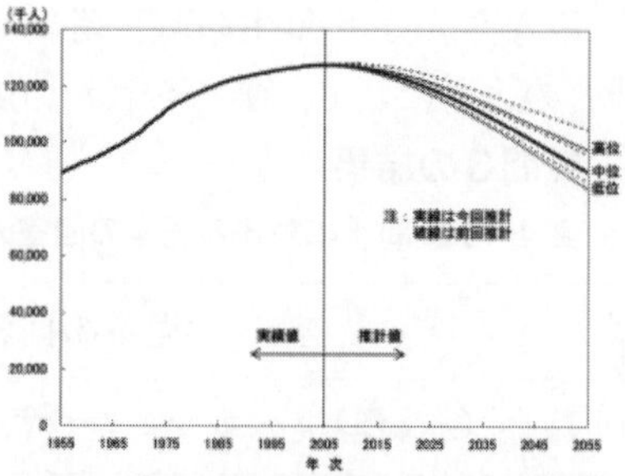

図 4-13 日本の将来推計人口の推移（再出）（国立社会保障・人口問題研究所『平成 18 年版社会保障統計年報』より）

(6)　単元の目標

政府は、国民の願いを実現することや我が国が抱える問題の解決に取り組むことで、国民生活の向上と安定を図ろうとしていることが分かるようにする。

(7)　単元の指導計画（全７時間）

時	主 な 学 習 活 動 ・ 内 容
1	・保険証の役割について考える。
2	・国連の働きや役割について考える。
3 本 時	・政府広報 CM を流す理由について考える。
	なぜ政府は、子ども手当を配ったり高校の授業料を無料にしたりしたのだろうか。 ・政府と子育て世帯以外の人々といった立場内に存在する価値について考える。 ・子ども手当の実施理由について考える。
4	・国会の仕組みを理解し、働きについて考える。
5	・国民が主権者として政治に参加する方法や意義について考える。
6	・地方自治体の政治について考える。

(8)　本時の目標

・少子化により、若い人の高齢者を支える負担が大きくならないように、国は子ども手当や高校無償化のような、子供を育てやすい法律をつくり、少子化が改善されるようにしていることが分かるようにする。

・子ども手当実施に際し、政府と子育て世帯以外の人々のそれぞれの立場で考察することができるようにする。

(9)　本時における価値の設定

本実践で設定する価値について、以下の表4-11に示す。価値についてはそれぞれ選択するべき姿勢及び根拠についても提示する。

表 4-11 本実践における価値、姿勢及び根拠

価値	姿勢及び根拠
組織協同	子ども手当導入に賛成 ・富の再分配に賛成 ・少子化の歯止めに期待。
個別責任	子ども手当導入に反対 ・自己所有権を主張 ・税制改革による個人所得の増加に期待。

(10)　本時指導案（６／７）

主な発問・指示	予想される発言・思考	指導上の留意点	資　料
・事業仕分けの様子を見て考えよう。 ・国のCMを見てみよう。	・無駄なお金を使わないようにしている。 ・子ども手当のCMだ。 ・高校授業料無償化と書いてある。	・国の財政が厳しいことを捉えさせる。 ・６月から子ども手当が支給されていることと、高校の授業料が無料になることを知らせる。	・事業仕分けのVTR ・政府公報 ・借金時計

なぜ政府は、子ども手当を配ったり高校の授業料を無料にしたりしたのだろうか。

・予想しよう	①子育てにはお金がかかるから。 ②不景気で、みんなお金がないから。 ③高校には、だいたいの人が行くようになったから。 ④子供は「宝」だから。(子供の数が少なくなったから。) ⑤事業仕分けで、教育に配るお金が増えたから。	・なぜCMをつくったのかではなくなぜこのような法案ができたのかについて考えさせる。	
・それぞれの予想について考えよう。	①②について ・不景気でお金がないのに、さらに学校に通うのにお金がかかるのが大変だから。 ・子供を育てるのが楽になると子供を産む人が増加すると思うから。	・予想を比較検討させる。 ・子ども手当や高校授業料無償化は誰にとってのメリットなのかを意識させる。	

・出生率と高齢者の割合からグループで話し合おう。	②⑤について ・国は事業仕分けなどを実施するくらいお金がないようなので、子ども手当を配ったり、授業料を無料にしたりするのはおかしい。 ④について ・子供の数が減ったからといって今までの子供が宝ではないと言えない。 ・子供が大切だとしても、子育てに関係しない人からも税金をとって子ども手当にお金を回すのはおかしい。 ・子育てはみんながしているわけではない。子育てに関係しない人もいる。	・国がこの政策を行うメリットも考えさせたい。	

・出生率と人口のグラフから考えよう。	・このまま子どもの数が減れば、年金や健康保険で支え合えなくなる。 ・高齢者の数が増えるのに、子供の数が減っていくと、支え合いができなくなる。	・少子高齢社会と社会保障との関わりについて、ロールプレイングを用いて児童に給付と負担について考えさせる。	・年齢３区分人口構成比を表したグラフ
	・子供の数を増やすために、国は子ども手当や高校授業料無償化とかをやっているんじゃないかな。	・人口構成比グラフに基づき「高齢者役」「労働人口役」「幼年人口役」を定め、社会保障の仕組みである「支え合い」についての演技を行う。	・合計特殊出生率
・仮説をノートにまとめよう。	・たぶん国が子ども手当を配ったり高校の授業料無償化を行ったりしたのは、子育てをしやすくして、国民の生活を助けるためだろう。		

	・たぶん国が子ども手当を配ったり高校の授業料無償化を行ったりしたのは、大切なところにお金を使おうとする考えからだろう。		
・確かめよう。	・やはり、国が子育てを応援しているんだ。 ・年金制度のような支え合う仕組みも子供が増えないと大変なんだ。		・政府公報子育て広場資料 ・長妻厚生労働大臣の話(VTR)
・分かったことをノートにまとめよう。	少子化により、若い人の高齢者を支える負担が大きくならないように、国は子ども手当や高校無償化のような子供を育てやすい法律をつくっている。		

(11)　本時の評価

国が子ども手当や高校無償化のような政策を行う理由を、自分の言葉で説明している。

(12) 本時の主な展開

T…主な発問　　C…児童の反応　　・…主な指示や指導

・日本の負債を示している Web[24] を提示した後、子ども手当実施の CM を流す。

C　：日本は赤字で借金まみれなのに、高校のお金とか無料でやったり、子ども手当てとかを支給したりしているのかが分かりません。

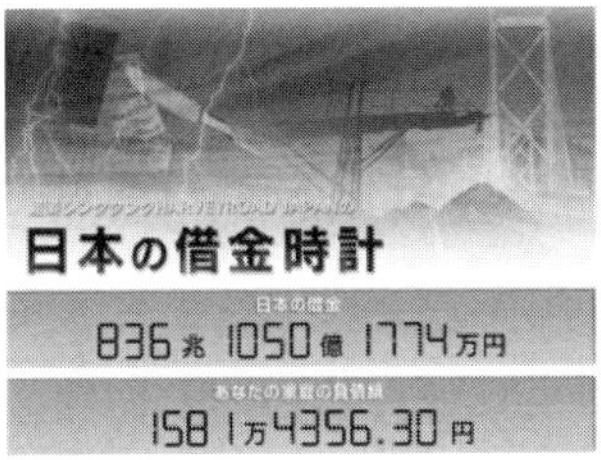

図 4-14 日本の借金時計（財部誠一 Web より実践時に活用した借金時計を筆者摘出）

> なぜ政府は、子ども手当を配ったり高校の授業料を無料にしたりしたのだろうか。

C　：子供が増えていくと、その分、税金がたくさん払われるからじゃないかな。

C　：沢山の人が結婚できると言っているが、独身の女の人でも子供を産んで自分の給料とかだけでも育てられるようにして、税金が増えていっているので結婚はあるかもしれない。だけど、独身とかの人でもシングルマザーとかにもなれるように子ども手当があるんじゃないかな。

C　：子ども手当をもらうと子供が増えるって、意味が分かんない。子ども手当をもらう時より、普通に結婚したら子供ができる人もいればできない人もいるし、子ども手当をもらうと、なぜ子供ができるのかが分からないです。

C　：子ども手当というのは子供が居る家族には月に１万３千円もらえるということなので、それを考えると子供を増やした方がお金をたくさんもらえるって思う人たちがたくさん出るから、子供を産んで子供が増えていくんじゃないかな。

T　：子ども手当をもらうために子供を産もうかなということなのかな。

C　：０歳～14歳が減っているということは、国民の人たちが全体的に子供をつくらないっていうふうになってきている。それは、最近不景気とかだから、子供をつくると子供にお金を使ったりして大変。でも、１万３千円入ってきたり、高校の授業料が無料になったりすると、子供をつくっても困らないから、子供をつくりたくてもつくれないって人がいてもつくれるようになる。子供がいっぱいできると、将来大人になってから税金を納める人がたくさん出てきて、国のお金が増えるのではないか。

C　：でも、子ども手当って、税金を使って払ってるんですか。

T　：そうだよ。

C　：それって、いいのかな。さっき独身の人とかっていう話で、結婚してない人や子供がいない人とかも税金を払っていて。何かおかしいと思う。

C　：子供いない人から集めた税金もあるのに、それを子供がいる家に１万３千円払っているのっていうのがおかしい。

C　：だから、税金はみんな払うのは義務なんだけど、それを集めた国から１万３千円をもらえる人ともらえない人が出るのが不公平。

発話記録①

発話記録②

C　：僕は仕方ないかなと思う。０歳〜14歳が減っているということは、子供がいなくなってくる。そうすると、税金を払う大人も、将来いなくなっちゃう。だから、子供をつくりやすくすれば、独身の人も減るのではないか。

C　：もし、子供がいなくなって、将来、日本に税金を納める人がいなくなったら、破滅。

C　：要するに、みんな、将来のことを考えたら、子供がいなくても子供がいっぱい増える方がいい国になる。

T　：子供が減っているのはどうなればいいといっているのか。

C　：増えればよい。

T　：国のメリットって、税が多く集まる、これだけなのかな。

C　：社会保障制度だとみんなが払っているものなど、ちょっとだけ安くなって、その税から少しでてみんなが支える分が軽くなる。

T　：はい、だいたい話し合ったら分かりました、整理されましたっていう人（挙手）、まだちょっと正直自信がないですという人(挙手)。自信がないっていう４人は前に出て下さい。

・３人の現役世代で１人の高齢者を支える場合と、１人の現役世代で１人を支える場合のロールプレイングを実施する。

T　：(高齢者役の人に）あなたは生活できるのかな。何か言いたいことはありますか。

C　：少ない。

T　：(現役世代役の人に）少ないって言っているけど、あなたは払いますか。

C　：絶対に無理です。

T　：どうしたいの、国は。

C　：働く人を増やしたい。
T　：働く人を増やせば、何ができると言っているのかな。
C　：どちらも生活できる。
C　：みんなで支え合える。

３　実践分析と考察

ここでは、本実践を発話記録と児童のノート記述より分析し、考察を行う。発話記録は、話し合い活動を通して、児童が未来予測をふまえ、それぞれの価値にどのように迫ったかについて変化が見られた様子を段階的に示す。

①　自己所有権の考えより個別責任に気付く場面

以下は、自己所有権の考え方に気付き、富の再配分に疑問を投げかけている児童の姿が見られる場面の発話記録である。

T…教師の発言　C…児童の発言

T23：子ども手当をもらうために子供を産もうかなということなのかな。
C34：僕が思うに０歳～14歳が減っているということは、国民の人たちが全体的に子供をつくらないっていうふうになってきているんですよ。それは、最近不景気とかだから、子供をつくると子供にお金を使ったりして大変なんですよ。でも、１万３千円入ってきたり高校の授業料が無料になったりすると、子供をつくっても困らないから、子供をつくりたくてもつくれないって人がいてもつくれるようになって子供がいっぱいできると、将来大人になってから税金を納める人がたくさん出てきて、国のお金が増えるのではと思いました。
C35：でも、子ども手当って、税金を使って払ってるんですか。
T24：そうだよ。

C 36：それって、何か、いいのかな。
T 25：どういうこと。
C 37：だって、さっき独身の人とかっていう話で、結婚してない人や子供がいない人とかも税金を払っていて。何かおかしいと思う。
C 38：多分、子供いない人から集めた税金もあるのに、それを子供がいる家に１万３千円払っているのっていうのがおかしいってことだと思います。
C 39：（全員）ああ。
C 40：不公平だよ。
T 26：何が。
C 41：だから、税金はみんな払うのは義務なんだけど、１万３千円に使う税金の分も集めるのはちょっと。それを集めた国から１万３千円をもらえる人ともらえない人が出るのが不公平っていうか。

本場面では、子育て世帯の負担軽減による少子化の抑制についてその価値を見いだす発言が続いた。しかし、話合いを進めているうちに自己所有権を主張する児童が現れた。子ども手当の財源が税金であること、加えて必ずしも世帯に養育する子供が存在するわけではないことに気付いた C37～C41 の発言である。この発言では、納税の義務は理解できるが、子ども手当に対する富の再配分については否定している。C41 の発言では、明確に税として徴収せずに、徴収しなかった分を子育てに回すというような発言ではなかったが、意図としての萌芽が認められる。つまり、個別責任に気付き始める児童の姿である。

②　富の再分配に期待する組織協同を選択する場面

以下は、政府主導による富の再分配より、子ども手当の必要性を述べる児童の姿が映し出される場面での発話記録である。

T…教師の発言　C…児童の発言	
T27：	もらえる人ともらえない人がいるのは不公平なのか。
C42：	僕は仕方ないかなって思う。さっきも言ったけど、0歳～14歳が減っているということは、子供がいなくなってくるんですよ。そうすると、税金を払う大人も、将来いなくなっちゃうんですよ。だから、子供をつくりやすくすれば、独身の人も減るんじゃないかな。
C43：	もし、子供がいなくなって、将来、日本に税金を納める人がいなくなったら、破滅っていうか、前に見た、税金の無いくらしのビデオのように、火事の時、消防車来ない時とかあったり、救急車がこなかったり、お巡りさんが泥棒捕まえなかったりみたいな風になったら破滅かな。
C44：	要するに、みんな、将来のことを考えたら、子供がいなくても子供がいっぱい増える方がいい国になるんですよ。

子ども手当の目的が日本の社会保障制度の在り方である支え合いであることを主張するC42の発言より、少子化抑制について話し合いが流れていく。しかしこの時点であっても、前述のC34のような子ども手当を求めるための出産という認識の是正は行われていない。ただ、政府主導の少子化対策に期待する児童の姿は、この場面以降続くこととなることから、児童は組織協同に気付き、期待していることが分かる。

上記①②より、児童は個別責任と組織協同に気付き、比較することで、子ども手当の実施については組織協同を優先していたことがうかがえる。

第５節　組織協同と個別尊厳を扱う内容編成

1　価値の概要

本節では、包摂主義の組織協同と非包摂主義の個別尊厳を価値として設定した授業開発を行い、実践及び分析を通して、その特質を明らかにする。先に述べた通り、組織協同は組織が対象となる市民の主体化を目的として介入する価値である。そして個別尊厳は、組織が市民の尊厳を傷つけず、非権威的な態度で接する価値である。

上記２つの価値について橋本は、現代に相応する課題としてたばこ規制問題を例に掲げ、根拠及び選択するべき姿勢を考察している。組織協同は、この問題について「できるだけ主体的になれるように」という観点から規制を試みる[25]と述べている。それは、たばこをやめたいと思う人に対しては主体的・自立的にやめるためのプログラムを施すべきという姿勢を選択するからである。対して個別尊厳については、喫煙者の自由を認める主張を行う[26]としている。それは、喫煙に対して国家が介入するというのは、喫煙者の尊厳を傷つけるといった観点によるとしている。また、たばこの煙によって被害を受ける人たちの権利も守りたいと願うことから、分煙による市民の共存を図る姿勢を選択する。この橋本の例からも、価値については、選択するべき姿勢と根拠を明らかにしていくことが重要である。

2　未来補償か現状保護かを問う
―ダム建設の是非について（第４学年）―

本項では、前項にて提示した包摂主義の組織協同と非包摂主義の個別尊厳を価値として設定した実践を提示する。具体的には、経済的利得と人権を考慮させてダム建設是非を問う、第４学年の価値判断授業である。

本実践にて扱う価値は、次の通りである。包摂主義のうち、対象となる市民に対し、組織に依存しなくても生きていけるようにする組織協同と、市民の生活に必要な尊厳の基盤を尊重する非包摂主義の個別尊厳を価値とする。本実践ではダム建設により、多くの市民にダムの恩恵を提供しようとする国や地方公共団体の立場と、ダム建設により、住居や職業等、これまでの生活を捨てなければならない少数住民の立場の対立がある。前者は少数住民の立場に対し、国や地方公共団体による未来補償という形での手の差し伸べを行うことで、先に述べた組織協同となる。対して後者は、少数住民の人権を考慮していくことで、個別尊厳となる。そして、これら価値を明示的に追究させていく。これらを通して、先に述べた価値観を教え込むのではなく、知的に気付かせ、考えさせていくことを目的としている。

上記構想に基づき、ダム建設の是非を児童に考えさせた実践を提示する。はじめに授業計画を提示し、単元及び本時の構想を明らかにする。次に授業の発話記録や言語活動の成果より考察し、本実践の成果を明らかとする。

(1)　内容構成の視点

本実践における構成の視点は、次の通りである。包摂主義のうち、対象となる市民に対し、組織に依存しなくても生きていけるようにする組織協同と、市民の生活に必要な尊厳の基盤を尊重する非包摂主義の個別尊厳を明示的に追究させることである。授業では、多数の厚生（経済的利得）を理由として多数決の原理で正当化する児童と、経済的利得を超えた人権に気付く児童の他者への働きかけに着目させ、それらの意味を明示的に追究させた。また、ダム建設によって不利益をうる少数者の意味と根拠を吟味することにより、個別尊厳の困難についても考えさせた。

(2)　価値の設定

本実践で扱う組織協同は、多数の厚生（経済的利得）を理由として多数決の原理で正当化していくことから、功利と同様の考え方となる。功利は「一個人の幸福を最大化することを考えるのではなく、人々の幸福を総和、つまり足し算して、それが最大となるように努める必要がある[27]」という総和最大化の考え方である。また、個別尊厳は、「一部の人が自由を喪失したとしても残りの人びとどうしでより大きな利益を分かち合えるならばその事態を正当とすることを、正義は認めない[28]」とする正義の考え方である。この考え方では、功利が「全体としての利益」を求めるのに対し、正義では「すべての当事者の利益」を問題にしている[29]。つまり功利では、ある立場の人たちの得る利益が、他の立場（不遇な人たち）の被る不利益を上回れば、不平等は正当化されることになる。それに対し、正義では最も不遇な人たちに照準を合わせている。

このようなダム建設を取り上げ、功利と正義の視点から追究させた実践として二つの実践を取り上げる。一つは、星英樹による小学校第４学年社会科「摺上川ダム建設の是非」を問う実践[30]である。この実践は本実践同様、賛成・反対双方の立場から考える展開としており、移転を迫られる193世帯に対する眼差しを児童に向けさせる点において、正義の立場を勘案させようとしていることに意義がある。しかし、あくまでダム建設のための苦労や協力に対する認識の深まりに主眼が置かれており、結果として価値判断を迫っているという範疇に収まっている。もう一つは、清田健夫の「三保ダム」の実践[31]がある。補償の金額や移転者への取材による資料提示等、清田の奥にあるものまでに目を向けさせるという指導から、少数者の立場をより正確に捉えさせる実践を行っている。児童の認識を高めた上で、妥当性の高い判断を求めている点に意義がある。しかし、善悪に対する定義付けに児童の意識が偏っており、それら意識を整理し、価値付ける教師の意図的な働きかけが読み取れない。

これら先行実践にも見られるように、ダム建設など公共事業に伴う住民移転問題では、建設によって利益をうる大多数の人々と、移転を余儀なくされることにより不利益をうる少数の人々の対立が予想される。そこに、補償やいわゆる「ゴネ得」といった実態も想定され、一方で、経済的補償ではなく生きる「権利」としての正義の問題としての意味も生じてくる。第４学年の児童の発達段階を考慮しつつ、価値の対立による明示的追究と、組織協同と個別尊厳の吟味をさせた実践と考察を以下に示す。

(3)　単元名

第４学年「命とくらしをささえる水」

(4)　指導に当たって

小学校社会科第３・４学年の内容「地域の人々の健康な生活や良好な生活環境を守るための諸活動」では、従来から、その実際と制度、計画的な実施・施行が学習の眼目になっている。これらの意味を考えさせるためには、単に事実と制度を調べさせ、覚えさせるのではなく、なぜそのような制度となり、それが住民の福利厚生を増進しているのかの考察が必要である。よって本単元では、実際の事業の成立根拠や対策（飲料水の計画的配分や確保）について、具体的で対立的な事例の検討を行った。

本時では、地域の飲料水確保の一つである津軽ダム建設の是非について、既習や経験知及び資料を根拠に児童が話合い等の言語活動を通して、価値判断する場を設けた。そこでは、何を根拠にして児童が判断しているかを読み取ることを目的としたからである。さらに判断に迷っている児童に対しては、単に学習内容が理解されていないことに起因しているのか、もしくは、価値の対立に気付き迷っているのかを見取ることとした。

本実践は、組織協同と個別尊厳を構成の基底にすえた価値判断の授業である。先に述べた価値の設定より、未来補償の観点から多くの弘前市の住民が受ける利益（治水や利水、電力等）を優先させようとする組織協同に対し、ダム建設により湖底に沈む砂子瀬地区の住民の生活や権利が確保されることを個別尊厳とした。この価値の対立を児童が明示的に追究できることが構成の主眼となる。当然のことながら、組織協同や個別尊厳といった価値そのものを教え込むのではなく、対立する立場を考えさせることで、それぞれの価値に知的に気付かせていくのである。

(5) 単元の目標

・飲料水と自分たちの生活や産業との関わりについて考えさせ、飲料水確保のための対策及び事業が計画的、協力的に進められていることが分かるようにする。
・ダム建設について、賛成・反対のそれぞれの立場のメリットやデメリットを考慮した上で自分なりの意見を述べることができるようにする。

(6) 単元の指導計画（全９時間）

時	主な学習活動・内容
1	・昔と今の水の使い方の違いから、水道の便利さについて考える。 ［なぜ、じゃぐちをひねると水が出るのだろうか。］
2 ↓ 5	・津軽ダムや津軽広域水道企業団総合浄水場等の見学計画について考える。 ・津軽ダムや津軽広域水道企業団総合浄水場等を見学し、それぞれの施設での様子や工夫について考える。
6	・ダムや浄水場の役割や利点等について考える。
7	・現在の津軽ダムの地図と津軽ダムが建てられる前の地図を比べ、考える。
8	［津軽ダムはつくってもよかったのだろうか。］

本 時 9	・立場と根拠を明らかにしながら、津軽ダム建設の是非について考える。 ・ダムについて他県の取組について調べ、考える。 ・これまでの学習について、まとめる。

(7) 本時の目標

津軽ダム建設について、ダムの利益を受ける津軽地域の住民やダム湖に沈み移転を余儀なくされる砂子瀬住民の立場に気付き、根拠を明らかにしながらその是非を考えることができるようにする。

(8) 本時における価値の設定

本実践で設定する価値について、以下の表4-12に示す。価値についてはそれぞれ選択するべき姿勢及び根拠についても提示する。

表4-12 本時における価値、根拠及び姿勢

価値	対立する価値・内容
組織協同	津軽ダム建設に賛成 未来補償の観点から官主導による住民受益権を優先（治水や利水、電力等）
個別尊厳	津軽ダム建設に反対 砂子瀬地区住民の権利や生活を優先

(9) 本時の指導案（8／9）

主な発問	予想される発言・思考	指導上の留意点	資　料

・ダムの主な機能を確認する。	・治水、生活用水、農業用水、工業用水、生活用水、発電	・前時までを想起させる。	・浅瀬石川ダム見学資料
・津軽ダムができる前とできた後の地図を確認させる。	・ダム湖に集落がある。 ・ダムができるところに学校や郵便局の地図記号が見える。 ・ダムができるところに住んでいる人たちはどうしているのだろう。	・ダム湖内の地図記号に着目させる。 ・砂小瀬地区の方には補償金を払って移住してもらったことを伝える。	・ダム湖を示すOHPシート ・５万分の１地形図S58製作
津軽ダムはつくってもよかったのだろうか。			
・移住しなかった場合の砂小瀬住民の暮らしについて考えさせる。	・今までの暮らしが続いていたと思う。 ・小学校も廃校にならなかったと思う。 ・農業とかやってた人は、そのまま続けられたと思う。 ・引っ越ししなくても良かったと思う。	・未来予測から、砂小瀬住民の立場で考えさせる。	・昭和50年代の砂小瀬地区写真

・ダム建設を行わなかった場合の津軽地域の人々の暮らしについて考えさせる。	・またダムの水位が減って、カビが発生して、水道の水が墨汁くさくなるかも。 ・昔起きた洪水みたいのが発生するかも。 ・水不足でプールとかできなくなったようなことがまた起きるかも。	・過去に起きた夏の水道水異臭騒ぎなど、児童の体験等より想起させる。	
・津軽ダム建設の是非について考えさせる。	賛成 ・44万人のために500人は引っ越せばいいと思う。 ・みんなのためを考えたら、砂小瀬の人は移住した方がいい。 ・多くの人々を助けるためなら、少ない人数の方が我慢した方がいい。	・ダムの恩恵を受ける津軽地域住民44万人と、ダム湖に沈む砂小瀬の住人500人の人数を提示する。 ・違う場所へダムをつくればいいというような方法論としての意見に流れないように配慮する。	・資料集「わたしたちの弘前」

	・お金をもらって砂小瀬から、西目屋の中心とか弘前市内とかに引っ越せるんだから、移住した方がいいし、それがみんなのためだと思う。 反対 ・農業とかやっている人たちは、違う場所に行っても、同じような土で田んぼとか畑とかできないのはだめだと思う。 ・みんなが同じ所に引っ越すわけじゃないので、友達同士とかご近所とかが離ればなれになって寂しいと思う。 ・お墓とかあるので、それはだめだと思う。		

・意見を振り返らせる。 ・自己決定させる。	・弘前地域の人々だと賛成で、砂小瀬地区の人々だと反対の意見になる。 賛成 多くの人を洪水から守ったり、水不足から守ったりすることが大切だと思うから津軽ダムは必要だ。 反対 引っ越すことになったら悲しいことが起きるので、津軽ダムはつくらない方がいい。	・立場ごとに意見を集約させるようにする。	

(10) 本時の評価

立場と根拠を明らかにしながら、津軽ダム建設の是非について考えている。

(11) 本時の主な展開の様子

T…主な発問　　C…児童の反応　　・…主な指示や指導
T　：津軽ダムができる前とできた後の地図を比べてみよう。 C　：昔の地図で、今、ダムになっているところに人が住んでいる地図記号が見える。 C　：この砂子瀬と書いているところに住んでいる人は、どうしたのかな。 津軽ダムはつくってもよかったのだろうか。

・砂子瀬の人々が西目屋中心地や、弘前市内への移住を余儀なくされたこととあわせ、移転に必要な費用を国から支給されたことを指導した。

C　：お金って何円だろう。

C　：でも、お金もらったからって、いいのかな。

T　：ダムができると、どんな問題が起きるか考えよう。（発話記録①）

C　：わざわざ引っ越しとかしなくても済んだと思う。

C　：小学校の子供だと、みんなと一緒にずっと遊べるし、卒業も一緒にできたかも。

T　：ダムをつくらなかった場合の津軽地域を考えよう。（発話記録②）

C　：去年と同じように、水道の水がカビくさくなるかも。

C　：ダムがなかったら、ぼくたちは洪水にあったり、水不足になったりしているかも。

T　：津軽ダムはつくってよかったのかについて考えよう。（発話記録③）

C　：みんなのためなんだから、砂子瀬の人はちょっと我慢すればいいと思う。

C　：もっと違うところにダムをつくればよかったと思う。

C　：白神山地に作りかけた道路と同じで、ダムがなかったら引っ越しとか転校とかしなくて済んだはずだし、やっぱりつくったらだめだと思う。

C　：お金をもらっているんだから、引っ越しとかしてもいいと思う。

・違う場所にダムを建設するという意見については、津軽ダムについての話ではなくなることを理由にし、方法論へと流れないように配慮した。

T　：何の意見と何の意見で対立したのだろう。

C　：砂子瀬の人のことを考えてということと500人よりも44万人をということで。

T　：みんなの意見も参考にしながら、自分の考えをまとめよう。

３　実践分析と考察

ここでは、本実践を発話記録と児童のノート記述より分析し、考察を行う。発話記録は、ダム建設の是非について、組織協同を指示する児童が次第に個別尊厳を考慮するようになっていく姿を段階的に示す。また、児童の記述はまとめの段階でのノート記述である。

ア　発話記録による分析

①　ダム建設を推進した場合の未来予測を行っている場面

以下は、ダム建設を推進した場合の、未来予測を行っている場面での発話記録である。この場面で児童は、主に砂小瀬地区の住民の立場を考慮している。

T…教師の発言　C…児童の発言

T49：そうなのか。お金の問題じゃないのか。
C81：お金も大事だけど。
C82：慣れている場所で生活できるのも大事。
C83：学校だってバラバラにならないし。
T50：学校の何が。
C84：学校の友達が。
C85：離れない。
C86：一緒。
T51：みんな一緒だ。なれている生活、友達が一緒ってことだけかな。
C87：仕事。
T52：仕事も変わらなくてもいいかもしれないね。仕事、確実に変わっちゃう仕事って、例えば何やっている仕事かな。
C88：村役場。
C89：学校の先生。

C90：ああ、農家。
T53：畑とかね。
C91：でも、大きくなって私のふるさとはここですってダムの底を指さすことになる。

この場面では、砂小瀬地域の住民がダム建設後にどのような生活を送るかについて予測させている。C81〜C90のように、砂小瀬地区の人々の繋がりが絶たれることに児童は気付いている。ここでは個別尊厳という言葉は使わずとも、少数の人々に対する利益損失、個別尊厳を勘案させるきっかけとなる発言が見られる。つまり、個別尊厳に気付き始める児童の姿がうかがえる。

②　ダム建設を中止した場合の未来予測を行っている場面

以下は、ダム建設を中止した場合の、未来予測を行っている場面での発話記録である。この場面で児童は、主に岩木川流域の津軽平野に住む人々の立場を考慮している。

T…教師の発言　C…児童の発言

T54：なるほどね。でも、ダムつくらなかったら、この人たちはみんなのいう通りの生活かもしれないけれど、ダムつくらないと実際どういうことが起きるのかな。
C92：洪水。
C93：岩木川に。
C94：ダムをつくらなかったら岩木川周辺の人たちが大変。
T55：洪水、それから、洪水だけかな。
C95：水不足。
C96：水が臭くなる。
T56：ああ、去年の夏、水が臭かった人いたかな。美味しくなかった。墨汁の臭いにおい。あれは水不足からそうなったね。なるほどね。こういう影響を受ける人々っていうのが何人だったっけ。

C97：44万人
T57：あぁ、44万人。 そっか。じゃ、やっぱりダムをつくった方がいいね。
C98：(「悩む」等の様々なつぶやき)

ダムの役割については既習であり、岩木川の氾濫や洪水の歴史については既習となっていることよりC92～94の発言となった。加えて、児童は夏に起きたダムの水不足が原因の、藻の大量発生に起因する水道水悪臭騒ぎを経験している。C96はそういった児童の体験が未来予測に活用された発言となる。そして、44万人の住民にその影響が及ぶことを理解している。よって、組織協同に気付きやすくなる児童の様子がうかがえる。

③　組織協同と個別尊厳を勘案し、判断を行っている場面

以下は、先の未来予測を通して、ダム建設の是非について判断している場面での発話記録である。

T…教師の発言　C…児童の発言

C100：１班ではダムをつくらなくてもよいという意見が出ました。理由は、今まで洪水とかが起きても誰も死んだ人がいないのでつくらなくてもよいという意見が出ました。
C101：２班ではつくってよいという意見が出ました。理由は、被害が出ることを住民に理解してもらって住人の人たちが洪水とかまた起きるとだめだから、大きくするとよいという意見が出ました。
T60：住民というのはどこの住民のこと。
C102：ダムを大きくする時に被害が出るところ。
T61：ああ、ここ、砂子瀬の住人に理解してもらえばよいと。では次。

C103：３班ではダムをつくった方がいいという意見が出ました。理由は、砂子瀬に住んでいる500人の人たちは移動するだけで慣れていない生活をするだけなんですけど、岩木川の周りに住んでいる44万人の人は洪水の被害が大きくなると死者も出るかも知れないからつくった方がよいという意見が出ました。

T62：あっ、500人よりも44万人の方を助けるみたいなそんな感じだね。

C104：４班ではつくらない方がよいという意見が出ました。理由は白神山地につくりかけた道路と一緒で、砂子瀬に住んでいる人たちのことを考えてつくらない方がいいという意見が出ました。

C105：５班ではつくった方がよいという意見が出ました。理由は、つくらないと洪水などで44万人に被害がでて砂子瀬に住んでいる500人も一瞬だけなれていない生活や仕事、学校があっても我慢して、つくった方がよいという意見が出ました。

C106：６班ではつくった方がいいという意見が出ました。理由は３班と同じように500人よりも44万人の人たちを助けた方が被害に遭う人は少ないと思うから。

本場面は、グループごとに話し合った結果について発表した記録である。グループでの話合いでは、合意を求めたものではない。C103及び105～106の発表は、組織協同を求めている結果となる。またC104は少数の住民に対する手の差し伸べを考慮している発言より、個別尊厳が勘案されている児童の姿が認められる。つまり、児童がこれら２つの価値に気付くことができ、判断を行っているということが明らかとなった。

イ　まとめの段階でのノート記述記録による分析

終末部で立場と根拠を明らかにしながら考える場面では、表4-13のような結果が得られた。

表 4-13 選択した立場と価値及び主な理由

立場	選択した価値	主な理由	人数（人）
ダム建設を支持	組織協同	みんなのために建設を推進する。少数派には我慢させる。	15
		洪水による被害が、住民移転よりも重大。	10
		補償金をもらっているので引っ越しも仕方がない。	2
ダム建設反対を支持	個別尊厳	移転を余儀なくされた住民の権利や生活を重視。	4
		「自分ならいやだと思うから」といった表記。	1
どちらともいえない	組織協同と個別尊厳	どちらとも言えず、迷っているので分からない。	1
	価値未選択	人が住んでいないところにダムをつくればいい。	1

※人数は複数回答

これら分析より２点について明らかとなった。第一に、建設支持が大半であり、反対を支持した児童は僅かであったことである。第二に、答えを吟味すると組織協同と個別尊厳の対立を自覚したが、同じ立場でも微妙な違い、どちらでもない立場でも、組織協同と個別尊厳が勘案されていたことである。

ほとんどの児童が組織協同を支持する結果となったのは、児童自身がダムの恩恵を受ける津軽地域の住民であったことも予想されるが、自ら利得を受ける立場に立ったといえ、それがいわゆる「最大多数の最大幸福」に配慮したものといえるかの同定は困難である。

問題は、「洪水被害に遭う」下流域住民も、移転を余儀なくされる住民と同様、弱者であり「権利」が補償されなくてはならない立場である。この点を、図4-15の児童は指摘しつつ、両方の立場を考慮したのである。児童は、組織協同と個別尊厳の相克に悩んだのであり、僅かではあったが、「どちらともいえない」児童の選択は、一見、問題先送りに見えるが、双方の価値の相克は克服しえないという、諦観にも似たものではないだろうか。だが、授業設計での構想である価値の明示的追究に関しては、一定の成果が得られたといえる。

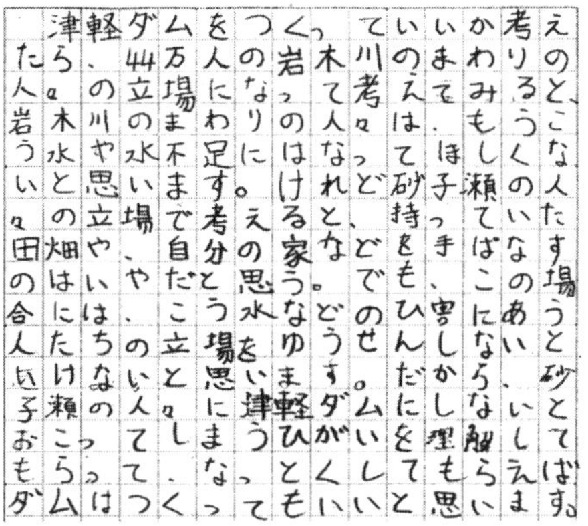
津軽ダムをつくっていいか考えたら、44万人の岩木川のまわりの人々の立場になって考えてみると、岩木川のまわりの人々は、もしこう水や水不足にはなってほしくないと思います。けれど砂子瀬の人々の立場で考えると、持っていた田畑や、自分の家などを手ばなすのはいやだと思う。でも、この場合には、こう水などのひ害にあう人たちの立場をゆうせんしないといけないと思います。だから、砂子瀬の人々に津軽ダムにしないとおこってしまうひがいを理解してもらって、なっとくしてもらえばダムはつくってもいいと思います。

図4-15　両方の立場を考慮した記述

第６節　包摂主義対非包摂主義対立型授業の特質

以上、小学校社会科の価値判断学習において、中心価値が非包摂主義内で対立する授業開発を行い、実践及び分析を行った。その分析より得られた特質は、以下３点である。

第一に、包摂主義の観点を基軸とした類型により価値の明確化が図られ、社会論争問題を用いた価値判断の授業開発が可能となったことである。包摂主義か非包摂主義かの価値対立は、明確な二項対立となり得る。例えば、ダムの建設問題に代表されるＪ・ロールズに代表されるような正義と、Ｊ・ベンサムに代表されるような功利との対立といった社会論争問題が挙げられる。しかし、TPP 参加の是非といった社会論争問題では、先の正義と功利と対立の図式では当てはまらない。そこで、包摂主義の観点を基軸とした類型を用いた。慈愛心をもって市民に手を差し伸べる包摂主義を組織管理と組織協同とで分け、市民の自立を願う非包摂主義を個別管理と個別責任とで分けた。そこから、どのように手を差し伸べるのか、どのように自立させていくのかなどの違いを明確にしたことにより、立場と価値の関係を児童に知的に気付かせることが可能となり、その有効性が確認できた。

第二に、包摂主義か非包摂主義かの価値対立で捉えられるよう社会的論争問題を用いて授業開発を行うことで、児童が価値及び立場を考慮し学びを深めることができたことである。特に包摂主義か非包摂主義かの価値対立では、慈愛心をもって市民に手を差し伸べることと、突き放すことで市民の自立を願うことは、児童にとって明確な対立として捉えることができた。しかし、価値が対立しているからとはいえ、どちらが正しいかを決めさせることを目的としたのではなく、あくまで価値類型により複数の立場で考えることをねらい授業開発を行った。それによって、両方の価値を考慮した児童の発言や心情が言語活動より得ることができた。

第三に、包摂主義か非包摂主義かの価値対立では、価値の教え込みではない知的な価値の気付きによる授業が成立しやすくなることである。特に、この価値対立では第４学年といった発達段階においても授業が成立する。それは先に述べたように価値が明確であり、慈愛か自立かの二項対立は児童にとって受け入れやすい価値判断の授業となるからである。

註

[1] 橋本努は、包摂主義について経済活動を倫理的な観点から包摂すると述べている。橋本『経済倫理＝あなたはなに主義？』講談社，2008，p54

[2] 同上，p131

[3] 同上，pp.133-134

[4] ３社は日本文教出版社、東京書籍、光村図書である。

[5] 光村図書出版『社会６』文部科学省検定済教科書，2014，p158

[6] 内閣府国民生活局『平成15年度国民生活選好度調査』2003，p35より実践当時の資料を引用しているが、現在でも同様の結果が9割近く見られる。生命保険文化センター『生活保障に関する調査』http://www.jili.or.jp/lifeplan/lifesecurity/oldage/5.html（2016, 1, 24確認）

[7] 松崎康裕「国民健康保険の授業」同時代社『民主主義教育21』2011，pp.177-189

[8] 猪瀬武則「経済教育における年金教育の可能性ー自立と公共性のデマケーションー」経済教育学会『経済教育』第28号，2009，pp.119-120

[9] 東京学芸大学教育学部附属小金井小学校「自分事として考える政治学習　わたしたちのくらしと政治（社会保障）」東京学芸大学教育学部附属小金井小学校研究紀要第33号，2011，pp.30-31

[10] 第162回国会・衆議院予算委員会（2005, 2, 18）中山成彬文部科学大臣（実践当時）

[11] 国立社会保障・人口問題研究所『平成18年版社会保障統計年報』より http://www.ipss.go.jp/（2008, 2, 5確認）

[12] 橋本努，前掲図書，p131

[13] 同上

[14] 菅野信広「工業生産の旅」福島大学附属小学校『研究紀要』第43集，2013，pp.22-23

[15] 猪瀬武則「中学校社会科公民分野における実践的意思決定能力育成ー「貿易ゲーム」実践を事例としてー」弘前大学教育学部『弘前大学教育学部研究紀要クロスロード』第7号，2003，pp.9-17

[16] 秋田真他「知ることから分かることへー一人一人の社会的見方を育てる社会科授業ー」弘前大学附属小学校『研究紀要』第38号，2007，p25

[17] 首相官邸『TPP（環太平洋パートナーシップ）協定交渉への参加』<http://www.kantei.go.jp/jp/headline/TPP2013.html>（2013, 5, 25確認）

[18] 総務省統計局『労働力調査（基本集計）平成25年（2013）4月分結果の概要』2013, 5, 31公表結果より

[19] 朝日新聞2013年3月2日朝刊p7記事を基に授業者作成

[20] ＮＨＫニュースウォッチ９「ベテランりんご農家の“視線”」2013年5月20日

放送より
21 橋本努，前掲図書，pp.131-132
22 同上，pp.133-134
23 平川公明「第６学年１組社会科指導案」弘前大学教育学部附属小学校『公開研究発表会【学習指導案集】』弘前大学教育学部附属小学校，2009，pp.76-85
24 財部誠一「日本の借金時計」より
http://www.takarabe-hrj.co.jp/clockabout.html（2016, 2, 4 確認）
25 橋本努，前掲図書，pp.131-132
26 同上，p131
27 児玉聡『功利主義入門』筑摩書房，2012，p56
28 ロールズ（川本隆史他訳）『正義論』紀伊國屋書店，2010，p6
29 仲正昌樹『いまこそロールズに学べ』春秋社，2013，p45
30 星英樹「摺上川ダム建設の是非について話し合うことで摺上川ダムのよさをより深く認識することができる授業」福島大学附属小学校『研究公開要項』2012，pp.94-95
31 清田健夫「三保ダムの授業記録」社会科の初志をつらぬく会『社会科の初志をつらぬく会の授業記録選』第三集，1979，pp.92-127

終章
総括と今後の課題

本研究の目的は、小学校社会科における価値判断の授業を包摂主義の観点から新たに開発することであった。そのために、包摂主義の観点を基軸とした価値の類型を行った。それに基づき社会科の授業開発を行い、実践を試みた。実践の分析では、児童の認識を基に質的研究を行い、授業開発と実践における価値の特質を明らかにした。以下、各章をまとめることにより、研究を振り返ることとしたい。

1　小学校社会科における価値判断学習の特質

第一章では、社会科授業を通して児童がより望ましい生き方について探究できるようにするために、包摂主義の観点を基軸とした4類型を提案した。

ここでは先行研究分析より、価値判断学習の類型化とその課題を明示した。具体的には、①幸福と正義、②言説、③社会制度構造から類型化できる。これら類型からは価値を扱う際に、イデオロギーについて考慮せざるをえないことが明らかとなった。また、学習者の思考に沿った価値判断学習の類型化や、時代の変化に応じた価値類型の必要性が課題である。よって価値判断学習では、国家や地方公共団体による温情的な介入主義としての包摂主義の立場や、非温情的な不介入主義の立場を考慮した授業開発を行うことが適切である。その実践より、学習者の思考に沿い分析を行い、授業開発の有効性を明らかにすることの大切さについて言及した。

2　包摂主義内輻輳型授業の特質

第二章では、包摂主義の内、組織管理と組織協同を価値として設定した授業開発を行い、実践し分析を行った。具体的には、財の配分（組織管理）かケイパビリティーの拡充（組織協同）かを問う「青年海外協力隊の支援の在り方」（第6学年）で展開した。授業開発及び実践の分析より得られた特質は、以下3点である。

第一に、組織管理と組織協同の価値類型を組み込むことによって、包摂主義内で輻輳する価値の明確化を図ることができたことである。弱者に対する支援については、J・ロールズに代表されるような財の分配であれ、A・センに代表されるようなケイパビリティーアプローチであれ、いずれも包摂的であり、従来のリベラリズムにおける正義として捉えられる。

しかしながら正義の質は、個人の自立や権利を保障する上で異なっている。ここでのポイントは、児童の目線・関心の範囲が「財や資源の充足」から「ケイパビリティー（生き方）の実現」に広がったことである。経済的弱者へ財の配分は見えやすく即効性があるから、具体的な提案に結び付く。一方、教育をはじめとしたケイパビリティーの実現は、即効性と抽象性から児童にとって高度な価値である。しかし、本実践における取組により、リベラリズム内で輻輳する価値を明確化させることが可能となる価値類型の有効性が確認できた。

第二に、組織管理と組織協同の価値類型の輻輳により、アクティブ・ラーニングの視点をいかした授業を開発することができたことである。先にも示したとおり、児童は、ODAによる財の配分のような具体のあるモノや資源については気付きやすい。しかし、価値類型を用いた学習指導方法の深化により、コトや時間などの抽象性の高い考えが出され、児童にその視点が生み出された。よって、小学校社会科教科書に記載されているような指導では気付けなかった組織協同について、児童自らの主体的な課題設定が可能となった。つまり、アクティブ・ラーニングの視点をいかした授業開発を可能とした。

第三に、組織管理と組織協同の価値類型より価値の明確化がなされ、教師が児童に対し適切に発問及び指示ができるようになったことである。二項対立のような社会論争問題を用いた場合と違い、この授業は価値が輻輳している。よって教師自身が、児童に知的に気付かせたい価値を把握し指導に当たることで、組織管理に気付いているものの組織協同に気付きづらい児童に、適切な発問及び指示を指導にいかす授業を可能とした。

3　非包摂主義内輻輳型授業の特質

第三章では、非包摂主義の内、個別尊厳と個別責任の価値を設定した授業開発を行い、実践し分析を行った。具体的には、我が国の選挙における女性議員の実質的平等（個別尊厳）か形式的平等（個別責任）かを問う「議員クオータ制実現の是非」（第６学年）で展開した。授業開発及び実践の分析より得られた特質は、以下３点である。

第一に、個別尊厳と個別責任の価値類型を組み込むことによって、児童が平等について非包摂的な観点から勘案し、２つの価値として知的に気付いたことである。議員クオータ制の導入は賛否いずれにも平等の価値が存在する。しかし、実践以前で児童の平等についての認識は、機会の平等（個別責任）のみであった。そこで、価値類型を組み込むことにより、児童の視点を結果の平等（個別尊厳）へとシフトさせると同時に、比較・検討することが可能となった。よって、価値類型の有効性が確認できた。

第二に、個別尊厳と個別責任の価値類型による価値の明確化により、教師が児童に対し適切に発問及び指示、ワークショップ型の指導の準備ができるようになったことである。例えば基本的人権における平等権について、個別尊厳しか捉えられていない児童に対し、シミュレーションを設定し個別責任に気付かせることができたのは、輻輳する価値の明確化がなされていたからである。

第三に、個別尊厳と個別責任を扱うことにより、児童が平等を単に知識として暗記しようとせず、その本質を考えようとしたことである。知識並びに価値観を教師側から一方的に押しつけず、先に述べたように知的に気付く活動にはアクティブ・ラーニングの視点が欠かせない。本実践及び分析より、個別尊厳と個別責任についてシミュレーションを通して学ぶことで、実感・納得を伴った理解の下、主体的な学びの姿が表出された。

4　包摂主義対非包摂主義型授業の特質

第四章では、包摂主義と非包摂主義のそれぞれの価値類型、すなわち組織管理と組織協同、及び個別尊厳と個別責任の中のそれぞれ１つの価値を組み込んだ授業開発を行い、実践し分析を行った。具体的には、次の４実践で展開した。１点目は、国の管理（組織管理）か自己責任（個別責任）かを問う「年金の在り方について」（第６学年）である。２点目は、農業保護（組織管理）か自由貿易（個別尊厳）かを問う「TPP参加の是非について」（第５学年）である。３点目は、富の再分配（組織協同）か自己所有権（個別責任）かを問う「子ども手当の導入について」（第６学年）である。４点目は、未来補償（組織協同）か現状保護（個別尊厳）かを問う「ダム建設の是非について」（第４学年）である。そして、授業開発及び実践の分析より得られた特質は、以下３点である。

第一に、包摂主義の観点を基軸とした類型により価値の明確化が図られ、社会論争問題を用いた価値判断の授業開発が可能となったことである。包摂主義か非包摂主義かの価値対立は、明確な二項対立となり得る。例えば、ダムの建設問題に代表されるJ・ロールズに代表されるような正義と、J・ベンサムに代表されるような功利との対立といった社会論争問題が挙げられる。しかし、TPP参加の是非といった社会論争問題では、先の正義と功利と対立の図式では当てはまらない。そこで、包摂主義の観点を基軸とした類型を用いた。慈愛心をもって市民に手を差し伸べる包摂主義を組織管理と組織協同とで分け、市民の自立を願う非包摂主義を個別管理と個別責任とで分けた。そこから、どのように手を差し伸べるのか、どのように自立させていくのかなどの違いを明確にしたことにより、立場と価値の関係を児童に知的に気付かせることが可能となり、その有効性が確認できた。

第二に、包摂主義か非包摂主義かの価値対立で捉えられるよう社会的論争問題を用いて授業開発を行うことで、児童が価値及び立場を考慮し学びを深めることができたことである。特に包摂主義か非包摂主義かの価値対立では、慈愛心をもって市民に手を差し伸べることと、突き放すことで市民の自立を願うことは、児童にとって明確な対立として捉えることができた。しかし、価値が対立しているからとはいえ、どちらが正しいかを決めさせることを目的としたのではなく、あくまで価値類型により複数の立場で考えることをねらい授業開発を行った。それによって、両方の価値を考慮した児童の発言や心情が言語活動より得ることができた。

第三に、包摂主義か非包摂主義かの価値対立では、価値の教え込みではない知的な価値の気付きによる授業が成立しやすくなることである。特に、この価値対立では第４学年といった発達段階においても授業が成立する。それは先に述べたように価値が明確であり、慈愛か自立かの二項対立は児童にとって受け入れやすい価値判断の授業となるからである。

５　総括

包摂主義の観点を基軸とした４類型を用いて授業開発を行うことが、価値判断学習において有効であったことを、質的研究による実践分析により明らかとした。その研究成果を３点としてまとめた。

第一に、包摂主義を価値判断学習に組み込むことにより、主要な価値を析出し、授業開発の再編方法を確立したことである。第４章第３節にて示した組織管理と個別尊厳を問う TPP を扱った実践では、我が国の TPP 参加に賛成か反対のいずれの立場を選択したとしても、これまではリベラリズムの立場として捉えられてきた。それは政府による国内産業の保護であっても、政府による農家の自立推進であってもリベラリズムの立場であることには違いがない。つまり、これまでのイデオロギーではこの価値の対立を成立させられないか、輻輳した価値として児童の意見を整理させられない展開となる。しかし、包摂主義の観点を基軸とした４類型を用いることで、その観点を包摂的か非包摂的かで分けることができる。よって、主要な価値を析出することで、授業を成立させることが可能となった。

第二に、包摂主義の観点によって類型化した価値を用いて授業開発を行うことで、児童に対する発問及び指示の妥当性が高まったことである。先に述べたように小学校社会科の指導内容では国家や地方公共団体による市民への関わりは避けて通れない。よって、それら組織による包摂主義の観点を基軸とした４類型を用い価値を整理することで、教師が対立する立場についての価値が整理され、授業における適切な発問や指示が可能となる。例えば、第２章第２節にて示した青年海外協力隊の支援の在り方を問う授業開発では、価値を自明とした従来の指導であれば、教師が組織管理にしか気付けない児童に「他に意見がないか」と問うた場合、児童から意見が引き出されなければ話合いが深まらない。しかし、児童の眼差しを組織協同へと向けさせるためには、教師が明確化された価値観をもって初めて、児童に対して新たな発問の投げかけが可能となる。よって、その妥当性も高めることができた。

第三に、包摂主義を価値判断学習に組み込み、導き出された価値を用いることにより、学習指導方法が深化したことである。いずれの実践も、価値観を児童に教え込むのではなく、第３章第２節にて示した議員クオータ制導入のシミュレーションや、第４章第２節にて示した年金制度の未来予測場面でのロールプレイングといったワークショップ型の授業展開を通して、児童の直観を伴い知的に価値に気付かせる展開が可能となった。また、ワークショップ型の授業展開により、児童の主体的な学びが見られた。つまり、アクティブ・ラーニングの視点をいかした授業のデザインを可能とした。

以上３点により、包摂主義の観点を基軸とした４類型を用いて授業開発を行うことが、価値判断学習において有効であることを明らかとした。

６　今後の課題

小学校社会科における価値判断の授業を、包摂主義の観点から授業開発する際、残された３点を課題として指摘する。

第一に、価値類型に限定性があることである。例えば、江良多恵子による第４学年単元名「くらしと土地の様子」の実践[1]は、白神山地の入山規制の是非について問うている。この実践では、白神山地の入山規制に賛成か反対の二項対立となる。しかし実際は、入山規制賛成の立場は自然保護の観点において組織管理となるが、反対の立場では地域振興重視の観点で個別責任となり、加えてマタギの生活重視の観点では個別尊厳となる。つまり、表面上は二項対立となっているが反対の立場内で価値が輻輳することから、価値類型に限定性が認められる。

第二に、質的研究による更なる分析が求められることである。今回の研究においては、一斉授業において、導き出された言語活動の成果を下に分析を行った。しかし、全体の中で、特定の個人がどのように活動し成長したかについて重視し、研究及び分析を行ってはいない。例えば、エスノグラフィーの手法[2]などにより、対象児の変容を見取るアプローチも検討していかなければならない。

第三に、さらなる実践の積み重ねによる研究の精緻化である。包摂主義の観点を基軸とした４類型について６つの実践を示した。社会機能を扱う小学校社会科では、第４学年のゴミ処理の問題、５年生の産業を扱った内容や公害や災害といった問題、第６学年では政治や法といった単元があり、それらにおいて社会的論争問題を用いた実戦が可能である。今後も引き続き、包摂主義の観点を基軸とした４類型を用いて実践を積み重ね、その精緻化を図っていきたい。

註

[1] 秋田真他「生きてはたらく知識・技能の活用に着目した思考力・判断力・表現力の育成ー弘前大学教育学部附属小学校の取組よりー」弘前大学教育学部『クロスロード』第17号，2013，pp.28-30

[2] 本山方子「相互作用に見る発達的変容：特定の子どもに目を向けたエスノグラフィー」秋田喜代美他『はじめての質的研究法ー教育・学習編ー』東京図書，2007，p134

資料

授業プロトコルは、特に断りのない場合Tは教師発言、Cは児童発言、Gはゲストティーチャー発言である。

授業プロトコル１

第２章第２節「青年海外協力隊の支援の在り方について」（第６学年）

C1　：前の時間は、ODA について勉強しました。
T1　：ODA。では日本は、海外にどんな支援してるかな。
C2　：資金をやっていると思います。
C3　：あと、青年海外協力隊。
T2　：ほう、皆さんは青年海外協力隊の方に会ったことありますか。
C4　：ないです。
T5　：今日は、協力隊員の方をお呼びしております。ではどうぞ。
G1　：初めまして。
T6　：堤先生は、元協力隊委員です。何か聞いてみたいことはありますか。
C5　：どこの国に行ったんですか。
G2　：ホンジュラスです。サッカーとか有名な国なんだけど、皆さん、知ってるかな。
T7　：早速、地図帳を調べているね。
C6　：どんなことをしてきたんですか。
G3　：小学校の先生として行きました。ホンジュラスの小学校の先生に勉強の教え方を教えるということをしてきました。
C7　：何年行ってきましたか。
G4　：２年行ってきました。2003 年から 2005 年です。

C8 ：ホンジュラス以外にも行きましたか。
G5 ：ホンジュラスだけです。
C9 ：何人で行ってきましたか。
G6 ：協力隊委員は何人もいますし、何年もホンジュラスに隊員が送られているのですが、私が行った年のホンジュラスには５人の仲間と一緒に行きました。
C10：ホンジュラスで印象深かった話はありますか。
T8 ：堤隊員から聞いた話で、是非紹介して欲しい話があるんですけど、この子について話して欲しいんですけど。（毎日午後、クッキーを売りに来る児童の写真を提示する）
G7 ：可愛いでしょう。小学校４年生です。名前はチナさん。何か持っているでしょう。隊員が働いている事務所に午後３時くらいにやってくる。お母さんが作ったクッキーを持ってくる。何で持ってくると思う。
C11：差し入れかな。
G8 ：お世話になってますって。これ、売り物です。１個５円くらいなんだけど、５円っていうのは、村の人にとっても安い物なんだけど、これ、全部売り切らないと家に帰れない。
C12：マッチ売りの少女と一緒じゃん。
G9 ：そう、弟と一緒に売り歩いているんだけど、全部売り切るまでに夕方になっても売って歩いているっていうエピソードです。
T9 ：クッキーの値段って、いくら。
C13：５円。
T10：５円っていうのは（ホンジュラスと日本では）物価が違うけど、どういう値段なの。
C14：普通の値段。
T11：みんなはこのクッキー、買うかな。「買わないよ」という人。
C15：（誰も挙手せず首を振る）
T12：買う。
C16：（全員挙手する）

T13：なんで買うの。

C17：私は、買ってあげないといつまでも売りに歩くことになるから、買ってあげる。

T14：買うのかな。

C18：私も（C13さんと）同じで、たくさん買ってあげて、早くうちに帰してあげたいので、買ってあげると思います。

T15：早くうちに帰してあげたい。

C19：あげたい。（全員挙手）

T16：たくさん買ってあげたい。ちょっと違うかな。

C20：そういうクッキーを買ってあげないとうちに帰れないというのは、家計が苦しいということですから、青年海外協力隊なんだから、助けてあげるのがいいのではないかと思います。

T17：青年海外協力隊なんだから、助けてあげるのが筋なのでは。そう思うかな。

C21：思う。（全員挙手）

T18：今（C20）さんが言った話も分かるかな。

C22：分かる。（全員挙手）

T19：では、堤隊員は、実際どうしたんですか。お話しください。

G10：正直に言っていいですか。正直、あんまり買わなかったです。

T20：分かったでしょう。堤隊員は心の冷たい人だということが。君たちとは違う。鬼。そういうことだね。それでは、これでいいね。

C23：いや、なぜ堤隊員は買ってあげなかったんですか。

T21：え。何で買わなかったのかって思うの。それは、鬼だからでしょ。違うの。じゃあ、なんで買わなかったのか話し合ってごらん。

C24：一班では、青年海外協力隊はその地域を変えるために行っているんだから、クッキーを買っちゃうと、その生活は変わらないから、堤隊員は、クッキーを買ってあげなかったんだと思う。

C25：青年海外協力隊は発展途上国を発展させるために行っているのだから、個人を支援するんじゃなく、国全体を豊かにするんだから、買ってあげなかった。

C26：３班でも１班や２班と同じく、ホンジュラスは、チナさんのようなあまり裕福じゃない人がたくさんいるだろうから、チナさんだけのクッキーを買っていると、青年海外協力隊の人なら買ってくれると言うことになると思うから、買ってあげなかったと思います。

C27：一つは青年海外協力隊はこういう場合、買ってあげてはいけないという決まりになっているということと、もう一つは、チナさんみたいなものを売る人がたくさんいると思うので、みんなの分を買ってあげると、お金がなくなってしまうから。

C28：青年海外協力隊は国の環境を変えて助けるために行っているので、チナさんだけを助けても、その国は変わらないので買ってあげなかった。

C29：その家だけを助けても、国は変わらないということからだと思います。

T22：鬼だからというわけではないんですね。みんなの意見は大きく分けて三つかな。その国を変えるために行っているんだから、ここでお金は使わなかったに賛成の人（挙手させる）。

C30：（３分の２程度挙手）

T23：この子だけじゃなくて、みんなの安定を考えるのが仕事でしょに賛成。

C31：（ほとんど挙手）

T24：お金がもったいないから。

C32：（１名挙手）

T25：では、どうだったのかな。では聞いてみましょう。

G11：協力隊員の仕事は、何かをしてあげることではない。買ってあげるとか、代わりに何かしてあげることではない。その国の人たちが自分たちの力で自分たちの国をもっとよくしていけるようにすること。それが協力隊員の仕事。難しい言葉で言うと自助努力っていうんだけど、自分で何とかしようと思う心を育てるということです。いずれ協力隊員は２年でいなくなります。だから、いなくなった時に、自分たちの力で何とかしなければならない。だから、おなかがすいていたら、クッキーを買ってあげたけど、お腹がすいていなかったら、買わない。普通の村人と同じように買っていた。旅行客じゃないんだよってさっき誰かが言っていたけど、もし旅行していた人間だったら買ったかもしれないけど、協力隊員だったから買わなかった。

T25：ここでこんな言葉出てきたね。

C33：自助努力。

T26：自助努力は、みんな話した中では、何番目に出てきた話かな。

C34：１番目。

T27：自分たちのことは自分たちの力でやっていくってことだね。もう一つ紹介してもらいたいエピソードがあるんだけど、（裸足の男の子の写真を提示して）この子のことをお願いします。

G12：ラウルの説明。お昼11時くらいにバスを待っていたら、「今日はもう帰るのかい。」って聞かれた。私は、学校にいってお昼を食べに帰ろうとしたんだけど、じゃあこの子は。

C35：学校に行っていない。

G13：普段は家の手伝いです。

T28：みんな羨ましいと思ったでしょう。学校行ってないんだよ。みんなもラウルさんのようになりたい。

C36：なりたくない。

T29：ラウルさんこのままでいいのかな。

C37：問題だ。

T30：何が問題。

C38：大人になったら、学校に行ってないので仕事ができないので、また、この子の子どもも、お金が無いので、このような感じなってしまう。

C39：その人が大人になって畑仕事をすると思うのですけど、お金がないし、何か違う仕事をしようとしても、社会に通用していけなくなって、さらに、生活が苦しくなると思うから。

T31：みんなはどう思うかな。

C40：同じです。

T32：では、ラウルさんにはどんな支援が必要なわけ。ちょっと、話し合ってみて。

C41：まず、学校に行くために教育費や教材、それから、貧しいので、家庭にも生活費が必要で、それから、学校の先生方のボランティアが必要だと思う。

C42：ラウル君には働くための技術を教えてあげればいい。

C43：チナさんのように自助努力が必要なので、もし資金だけ渡したら他のものに使ってしまうかもしれないので、教材と少しの資金が必要だと思う。

C44：青年海外協力隊がラウルさんに勉強を教えればいい。

C45：市役所的な所に、無料で入れる学校があればいい。

C46：ラウルさんに勉強を教えればいい。

T33：お金配ればいいのでは。そしたら学校通えるのでは。

C47：それを使い切ってしまえば、追加しなければまただめだから。

T34：お金あげればいいんじゃないのかな。

C48：それだと自助努力にならないから。

T35：ラウルさんに何があればいいって話かな。

C49：知識。技術。

T36：ラウルさんに学校だとか技術だとか必要だというのは、将来ラウルさんが何できるためって言ってるの。

C50：仕事。生活していけるため。

T37：お金を渡せば生活していけるんじゃないのか。

C51：お金がある時は、生活はしていけるんだけれども、もしお金がつきてしまった時に、働けない環境は変わっていないので、お金だけではだめ。

C52：お金があればラウルさんは普通に生活できると思うんだけど、お金が無くなってしまった時に、お金を自分で得ることができないままで、もう一回お金をもらわないとだめになってしまう。だから、将来自立できるように、基礎の技術が必要だと思う。

T38：いままで、ラウルさんに将来働けるように自立できるようにとかいっているけど、これ（家庭にも生活費が必要という意見の板書）はラウルさんだけの話かな。

C53：いや、家族の人に。

T39：家族関係あるのかな。靴も履かせていないような家族に。

C54：ラウルさんの家にはお金がないから、靴も履かせてやることができないんだから、親にも必要だ。

T40：では、親にはお金を配って、ラウルさんには学校に行ってもらう。どう。

C55：親に支援が必要。

T41：親に支援が必要ってどうすることかな。親にお金を配ればいいのかな。どうすればいいかちょっと話し合ってみて。

C56：親にお金を配るのも必要なんですけど、親のお金がないので親も多少知識とかが必要です。

T42：親にも、何が必要だって話かな。

C57：知識。

T43：親が知識を得られるようにするにはどうすればいいのかな。

C58：ボランティアとか。

C59：仕事しながらでも学ぶとか。

T44：大人が学ぶ、仕事しながら学ぶってあるのかな。

C60：ハローワークとか。

C61：職業訓練校とか。職業をやるための技術を学ぶとか。

T45：職業を学ぶ所とか、あったね。では、ノートにどんな支援が必要かを書いて下さい。

授業プロトコル２

第３章第２節「議員クオータ制の実現について」（第６学年）

T1　：日本国憲法の３大原則ってあったよね。
C1　：国民主権。
C2　：基本的人権の尊重。
C3　：平和主義。
T2　：では、国民主権って何かな。
C4　：国民が政治を決める権利。
T3　：では、君たちの家の人たちが国会で話し合っているのね。
C5　：いや、選挙で自分の代わりに政治をやってもらいたい人を選んで。
T4　：選挙でね。自分の代わりにね、そういうことだよね。では、基本的人権の尊重ってどんな権利かな。
C6　：自由権。
C7　：社会権。
C8　：参政権。
T5　：参政権。で、これらは、イケメンには多くて、そうじゃない人にはってそんな話なのかな。
C9　：いや。生まれた時から平等。
T6　：みんな平等なんだね。で、この表見てみて。ルワンダとかキューバとかスウェーデンとか、何なのこれは。
C10：国。
T7　：で、この表は何を表しているか。まあ６割以上ルワンダでは女性議員だよってことが書いてある。では、日本はどうだと思うかな。
C11：少ない。
C12：もっと少ない。

C13：いや、日本はもっと下。最低だと思う。
T8 ：えっ、そうなの。
C14：けっこう下。
T9 ：世界にさ、190位しか国はないんだよ。では、20位前後だと思う人（挙手）、いや、50位前後（挙手）、そんなこと言ってるからきっと100位だな（挙手）、多いなあ。（資料を全て提示する）
C15：えっ、162位。（資料を見てつぶやく）
T10：（資料を指さし）8.1っていうのは何かな。100人議員がいたら女性議員は何人ってことかな。
C16：8人。
T11：8人。日本は先進国だけでみたら最低、最下位。この前新聞に、この日本の都道府県地方議会における女性議員ランキングが出てました。それでは、都道府県ランキングをみてみましょう。第一位からレッツゴー。（資料を電子黒板に写す）はい、女性議員の割合、東京が第一位です。100人いれば何人が女性議員かな。
C17：10人
T12：さあ、皆さんは何県を注目しているの。
C18：青森県。
T13：青森。（と言いながらランキングを見せていく）
C19：えっ、いやだいやだ。（ぶつぶつつぶやく）
T14：どこかな。（と言いながらランキングを見ていく）
C20：ええっ、最下位。
C21：最下位、47位。
T15：堂々47位だね。まあ最下位ですけど、こういう状況っていうのはいったいどういうことなのか、これを見て下さい。（VTRを流す）
女の怒り、世界最低レベル議会の女性割合133位。
今年6月世界の国会議員が参加する列国議会同盟が、各国の議会が締める女性の割合を公表したところ日本は133位で先進国の中で最低レベルであることがあきらかになった。もっと多かったのはアフリカのルアンダ、会員の定数80人のうち、なんと女性は51人とその割合実に60パーセント以上。

「さすが私のふる里ルアンダだわ。それに比べて日本、いくら安倍総理が女性の社会進出を訴えても肝心の政治の世界が世界最低では全然説得力無し。まずは政治の世界から女性進出を後押ししなさいっていうの」

日本で女性議員が極端に少ない要因として専門家が指摘しているのはクオータ制が導入されていないこと。クオータ制とは議員数に締める女性割合をあらかじめ割り当てる制度。

T16：はい。（板書を指さし読ませる）

C22：クオータ制。

T17：クオーターじゃないよ、クオータ制だよ。よくお家でも会話の中に入っているでしょう。

C23：してない。

T18：今日初めて聞いたよね。

C24：はい。

T19：これを日本語に直すとしたらこんな感じ。（板書）はい、これ読んでごらん。

C25：割当制。

T20：はじめから議員の数を割合として、100%の内の（板書）まあ例えばこのくらいがね、議員の数の何%かは女性として割り当てましょう、こういう制度がクオータ制です。これってやればいいのかな。

C26：うん。

T21：やれば何がいいと思いますか。ちょっと隣同士で、女性議員が入るとなんでいいのか。世界の国々はなぜクオータ制を取り入れているのかを隣同士、話し合って下さい。

C27：男性目線より女性目線の方が貧困の女性とかに目を向けやすい。

T22：誰が貧困だって話かな。

C28：独身の女性、ひとり暮らしの女性。

T23：単身女性の３分の１が貧困だって、そういう話だったよね。
C29：はい。
T24：じゃ、そういう問題をどうしてくれるって話かな。
C30：女性目線で解決しやすい。
C31：男女平等にしていくためにそういう議会にして、そこから平等に近づけていく。
T25：男女平等にするために議会でこうやって近づけていくって、そういう話。平等ね。（板書しながら）平等で話し合う、そういったふうにしたいんだと、なるほどね。今ふたり言ったようなことって実際に（黒板に資料を貼る）第二位の国でやってるんだよね。
C32：スウェーデン。
T26：スウェーデン。このグラフって、子供をどのくらい産むかっていうことが書かれているグラフです。出生率っていう、子供をどのくらい産んでいるかっていうグラフなんだけども、スウェーデンは何色。
C33：青。
T27：青。スウェーデンではこの辺り（90年代）クオータ制を取り入れているんだよ。クオータ制を入れて女性議員がどんどん増えていったら、女性目線で働く女性にはこういう法律が必要だ、子育てにはこういう法律が必要ですってなったらどう。
C34：上がってる。
T28：そういう法律ができたことによって出生率が上がる、子供を安心して産める社会になってるんです。日本もそうなってるね。
C35：いや、下がってます。
T29：実際にじゃ女性目線で話し合うことってできるのかってなった時に日本ではどうだったか。はい、第一位どこかな。
C36：東京。
T30：東京なんてさ、例えばここは女性議員が３割いる所なんだけど、女性議員３割いるこの区では、前まではほら保育所に預けたくても預けられない子供を何と呼んでたかな。

C 37：待機児童

T 31：待機児童が 23 区で一番多かったのが女性議員の割合が増えて今は 274 人から 45 人にまで減ったってこともあります。どう、クオータ制をやりますか。

C 38：(ぶつぶつつぶやく。)

T 32：はい、やった方がいい人（全員挙手）いや、いや、いいのかなあ、どうかなあ。(挙手無し）やった方がいいと思うの。

C 39：はい。

T 33：なんでかな。ちょっとグループで話し合ってみて。

C 40：(話合い）

T 34：そろそろいいかな。席に戻って。では発表して。

C 41：他の国で実績とかも残ってるし、平等にするためには導入した方がいいと思う。

C 42：女性議員が、もし経験したことがある人がいれば、どういうふうに対応すればいいかというのが分かると思う。

C 43：何もしないよりはしたほうがいいと思うし、いい結果が出ているのでいい可能性が高いから。

C 44：女性が社会とか仕事場とかでも差別を受けているので。その場合は男性より女性の方が解決できる。

T 35：女性目線ね。次、はいどうぞ。

C 45：もう、実例が出ているので、もうそろそろクオータ制を導入した方がいいと思います。

C 46：女性が入った方が、意見がかたよらないと思うから。

T 36：意見が偏らない。なるほどな。こういった意見でみんなが賛成なんだ、分かりました。では、みんな賛成だってことでいいね。

C 47：(いろいろなつぶやき）

T 37：では実際にやってみるよ、選挙。(資料「これまでの選挙」を掲示）ある所で選挙をやったとしましょう。選挙をやりました。立候補は 7 人。当選は 3 名です。得票順にならべました。こんな感じ。(資料を指さす)。

C48：(笑いながら色々つぶやく)
T38：クオータ制、導入するよ。クオータ制導入の条件はひとつ。(板書)
C49：(板書を読む) 同姓で当選者を独占しないように。
T39：はい、こういうクオータ制が導入されました。どうなればいいかな。
C50：りょうさんとルミコさんが逆になればよい。
T40：どうすればいいって話かな。上からいこう。みのるは当選かな。
C51：はい、当選。
T41：しのぶはどうかな。
C52：しのぶは大丈夫。
T42：しのぶは当選だと思う人 (挙手)。いや、しのぶも変えた方がいいんじゃないっていう人 (挙手) そう、どうしてかな。みんなは君と違う意見だからいってやって。
C53：票が高ければ高いほどいいって感じがするんですけど、そのままだと上の人の考えばかりが主張されて、少数派の意見がすべて無しになってしまうので、少数派の意見も少し尊重して、２位の人が退いた方がいいと思います。
T43：２位の人が退いた方がいいって言ってるよ。みんなは賛成だね。
C54：いや、選挙で獲得した票が多いってことはみんなに人気があるってことだから、２位は当選でいいと思う。
T44：みんなはどうなの。
C55：しのぶは残した方がいい。
C56：同じ意見なんですけど、しのぶさんの獲得票が２位だったってことは周りから信頼されているってことだから、順番的にいけばりょうさんが退いた方がいいと思います。
T45：この獲得票順っていうのは今、何されたって言ってたかな。
C57：信頼された。
T46：一番信頼された人って、この中では誰なのかな。
C58：みのるさん。

T47：２番目は。

C59：しのぶさん。

T48：３番目が。

C60：りょうさん。

T49：４番目は。

C61：ルミコさん。

T50：これって信頼順なんだ。そうか信頼が大きいんだ。なるほどね。ではしのぶは残すかな。

C62：残す。

T51：じゃ、残します。りょうも残す。

C63：残さない。

T52：では、誰を上げるのかな。

C64：ルミコ。

T53：ルミコなの。タエコじゃないの。

C65：タエコは５位だから。

T54：ヨシコじゃないの。

C66：それは違う。ないないない。

T55：分かりました。（資料に当選者に花を付ける）当選はこんな感じかな。

C67：はい。

T56：なんでタエコよりルミコなのかな。

C68：みんなからの投票が多くて支持されているので、ルミコさんの方がいいと思います。

T57：女性の中ではルミコさんの方がいいって話ね。みんなはそれでいいかな。

C69：はい。

T58：分かりました。ということは君たちクオータ制を導入したらこういった結果（資料「クオータ制の選挙」を掲示）になって欲しいって話だね。当選順位はみのる、しのぶ、ルミコ。こんな感じでいいかな。

C70：はい。
T59：分かりました。（資料を広げる）実際、何票取ったかです。
C71：わあ、りょうさんの票が半端ない。（様々なつぶやき）
T60：はい、得票結果はこうですけどみなさん、いいね。
C72：いや、これはちょっと。これを見ちゃうとちょっと。
T61：何ですか。何か問題でもあるのかな。グループでちょっと話し合ってみて下さい。
C73：（話合い）
T62：はい、そろそろ戻って席について、お話を聞きたいと思います。自分のグループではやはり全員賛成という所（挙手）、いやちょっと反対意見がでました（挙手）。そのグループ、ちょっとまとめてこういう意見とこういう意見が出たって発表してくれる。
C74：ルミコさんとりょうさんの差があまりにも開きすぎていて、ルミコさんはりょうさんの２分の１でりょうさんを落としちゃうと１万人の思いが（反映されない）。もうちょっと差が小さかったらルミコさんでもよかったかなと。
T63：差がね。えっ、こういう話、グループの話合いで出た所ありますか。（挙手）
C75：出たけど仕方ない。（いろんな意見）
C76：申し訳ないけど。
C77：申し訳ないけど、クオータ制を導入するためには仕方ないんじゃないかなと思いました。
C78：もうちょっと差が小さければ。
T64：じゃ、差が小さければいいのかな。
C79：そういう問題じゃなくて。
T65：では、ルミコさんが9999票でりょうさんが１万票で１票差だったら君たちは納得いくって話かな。
C80：いきません。でも、これ（5000票差）よりは納得できる。
T66：でも仕方ない、しょうがないって言ってるけど、何でしょうがないのかな。

C81：平等にしていくために。
C82：ううん、まあ、これから続けていくのに仕方がないから。
T67：これは平等だと。こっちは平等じゃないと。
C83：平等じゃない。まったくじゃないけど。
T68：こっちは平等じゃない。
C84：男性しかいないから。
T69：男性しかいないから平等じゃないんだ。ほう。（資料を広げる）こうなってるよ。
C85：あらまあ。
T70：では、クオータ制は導入した方がいいという人（全員挙手）反対の人（挙手無し）。なぜ。
C86：しょうがない。
C87：りょうには我慢してもらう。
C88：やっぱり仕方がないから。
T71：それでは、同じ選挙区でこんな立候補者（女性議員が1名のみの立候補）が出そろった場合、どうですか。
C89：えっ、それって、ルミコ当選。
T72：無投票当選になりますが、いいんですか。ちょっと話し合って。
C90：（話合い）
T73：どうですか。
C91：私たちの班ではそれでもやっぱりクオータ制を導入した方がいいという意見が出ました。待機児童の問題とか、女性目線で話し合うのは今、大事なんですよ。
C92：正直、どっちと言えないって感じで、迷う。
C93：女性選挙と男性選挙っていうのをやればいいという意見が出ました。
C94：全員反対の意見になってしまったっていうか、やっぱり、選挙って、自分の代わりに政治をやって欲しい人を選ぶのが国民主権だから、それに反してるんじゃないかなって。
C95：うちらも賛成で、女性目線で話し合うようにならなきゃ、貧困とか待機児童とかの問題が変わらないし。

C96：先生が言った「無投票当選」っていうのは無しで、何票かとった女性議員は当選みたいにするといい。それか、3位の男性の人との差が何票以内だったら当選みたいにすればいい。

T74：そうか、条件をつければいいって話だね。では、今日この勉強をして思ったことをノートにまとめなさい。板書は後でいいので、まとめを先に書いて下さい。書いてる最中かも知れないけど、発表しもらおうかな。

C97：クオータ制を導入することによって貧困している女性を助けられるなら、りょうさんとルミコさんが逆になっても仕方ないと思った。あと、青森県は女性議員が少ないのでもっと増やして欲しいと思いました。

C98：私は最初クオータ制を導入した方がいいと思ったけど、あまりにも差が開きすぎてたくさんの支持を得ていた人が、それより少ない人に落とされるという不公平なバランスができあがってしまうと思い、仕方ないといえば仕方ないかも知れないけど、私は納得できなかったので、当選者の信任投票を行った方がいいと思います。

T75：新しい案だね。ではね、今日みんなが勉強したこと、この勉強したことっていうのはいったいどんな意味があったのか、ちょっと悩まなかったかな実際。どうですか。ちょっと悩んだ（挙手）、かなり悩んだ（挙手）。今日勉強したこと、どんな意味があるのかっていうのについて、これを法律的に説明してもらいたいと思って、今日ね、青森県の弁護士会の先生に来てもらっています。弁護士の山内先生です。

G1　：はい、みなさん、おはようございます。

C99：おはようございます。

G2　：弁護士の山内です。本当にあの難しい問題をみなさん一生懸命考えられていたなと感心しました。で、まさにクオータ制を導入するかどうかというのは、国の在り方をどうするかということな訳ですから、まさにみなさん、３大原則、国民主権、自分たちの在り方、政治を自分たちで決めていくんだというその国民主権というものについてみなさん、今日、体験したんだなと思います。そして、あの、平等と一口に言っても、その平等っていうことの考え方っていうのがいろいろあるんだなということも感じたんじゃないかなと思います。得票数で当選者を決める。これは、今やっている仕組みです。で、これは不平等なので憲法に違反するという扱いにはなっていない、これはこれで形式的平等ですね、得票数に応じて上位者から当選していくっていう考え方。そして、女性の割合をどうするか。さっきね、みなさんが悩まれていた５千票と１万票の差、これをどう考えるか、１票と１万票の差だったらどうなんだろう、さっき先生の方からあった、9999票と１万票の差だったらどうなんだろう。こういう考え方、視点というのは実質的平等というものを考えられたと思います。ええ、さらに言えば今回は７名の立候補者でした。で、定数が３の選挙区に４名の立候補者がいた。そうしたところ、４番のルミコさんまでの状況という時に、じゃあ、どう考えるか。いろいろな考え方、見方があると思います。いずれが正解、不正解というわけではない。そういう、いろんな考え方があるんだということを気付いてもらったんじゃないかなと思います。本当に私も勉強になりました。ありがとうございました。

C100：(拍手)

T76：はい、あの、実はこの授業、どっちも平等なんだよってこと。だから悩む。こっちの今までの選挙は、どの人にも当選のチャンスがあるだろうっていう平等。こっちのクオータ制の方は、結果を平等にしないといけないという考え方。どっちも平等だから悩んだという話です。私の授業はこれで終わります。

授業プロトコル３

第４章第２節「年金の在り方について」（第６学年）

C1 ：前の社会科では今の年金制度を続けるべきか、やめるべきかというのを話し合いました。

T1 ：みなさん、自分の立場そして理由を書きましたか。

C2 ：はい。

T2 ：書いてきましたね。じゃ、続けるべきだと思う方（挙手）10 人ね。じゃ、止めるべきは（挙手）すごく多いね、27 人。じゃ、止めて何するんですか。

C3 ：貯金。

T3 ：何のために。

C4 ：老後のため。

T4 ：老後のために貯金するのか。じゃ、何でこんな年金制度を問題だとか不安だとか、なぜそういうふうに思うのかな。

C5 ：少子高齢化だから。

C6 ：現役世代が減っているので高齢者を支えられないっていうか。

T5 ：現役世代。2005 年で段々だんだん減っていくよね。ということは。

C7 ：現役世代の負担が大きくなることです。

C8 ：１人あたりに払う保険料が高くなるから。

T6 ：2007 年は何人で高齢者１人を何人で支えていますか。

C9 ：３人。

T7 ：あなたたちが（年金を）もらうのは二千何年。

C10：60、50。（様々なつぶやき）。

T8 ：だいたい、2062 年か 61 年その頃になると、何人であなたたち１人を支えることになるわけ。

C11：１人。

T9 ：そうなるとその時の現役世代の負担がどうなるのかな。

C12：今に比べて増える。

T10：今に比べてね、１人が１人を支える計算。だから問題だということね。そうか、問題だからやめるって人が多いのかな。それでは、グループで続けるべきかやめるべきか、自分の立場をまずはっきりさせて下さい。そして、５分で話し合って下さい。

T11：だいたい話し終わっている所は、誰か代表して発表して下さい。それぞれの立場で１人ずつ立って結構です。はいどうぞ。

C13：わたしは続けるべきだと思います。理由は貯金をしていれば長生きして足りなくなる可能性が高くなると思うし前の授業では損はないといっていたけど、死んで誰もいなかったらそれは損だと思います。

C14：僕たちの意見はもうやめていいと思います。それは、このまま年金制度を使っていったら現役世代１人で１人を支援しないといけなくなるかもしれないし、現役世代も最低限の生活をしなきゃならないので。しかも負担も増えていってお金が全然なくなって、生活できなくなる人がでてくるかもしれないから、このまま続けていくと現状がどんどん悪化してしまって、立て直しとか不可能になっていくと思うのでもうやめた方がいいと思います。

C15：やめるべきで、このままやってもやっぱり現役世代も高齢者の負担もどんどん増えていくだけで生活も両方できないし、やめたら社会保険庁にお金をかけなくてもよくなるので、やめた方がいいと思います。

C16：続けるべきだと思います。私は仕事をやめてしまった時に、貯金していたとしても物の値段も高くなっていって払えなくなるし、どんどん長生きした時に対応できなくなって、早く死んでしまうから続けるべきだと思います。

T12：物価がどうなの。

C17：上昇。

T13：上昇。物価の上昇に対応できないのかな。

C18：できる。

T14：できるから続けるのね。はい、どうぞ。

C19：続けるべきだと思います。理由は憲法で最低限の生活ができる権利が認められているので、それに基づいて国がしっかり生活できない可能性のある老人を支えることが大事だと思ったからです。

C20：私もやめるべきだと思います。65歳から年金がもらえる前に死んでしまったら意味がないからです。

T15：何歳から年金はもらえるのかな。

C21：65歳。

T16：じゃ、64歳で死んじゃったらどうなるの。

C22：もらえない。

C23：僕はやめるべきだと思います。理由はこのまま年金制度を続けていくと、少子高齢化問題で、現役世代1人で高齢者1人から2人を支えることになって、現役世代も大変だし、年金が減ったら高齢者も生活できなくなるから、しっかり働けるうちに働いて貯金してためた方がいいと思います。それに死んでしまった時も、家族にお金を残せるからやめる方がいいと思います。

C24：私は続けるべきだと思います。理由は、自分が老後計画的にお金をもらって、自分のしたいことができることと、さっきも言ったけどもし貯金していても、長生きしたらお金がなくなってしまって、生活ができなくなってしまうからだと思います。もし、年金をやめて貯金したとしても、前に学習した時に貯金するのをやめてしまうかもしれないので、計画的に使える年金を続けていくべきだと思います。

C25：私はやめるべきだと思います。理由は、今の年金制度を続けていくと私たちが65歳になった時に20歳から払い続けてきたその分の金額が本当に返ってくるのか不安だからと、現役世代の負担が大きくなるからと、貯金した分、死んでも家族に残せるからという理由がありました。

T17：今の現在の段階で平均的に20歳から60歳まで年金保険料を納め

ていくと、その40年間でいくらくらい納めることになるのかな。

C26：2000万とか1600万くらい。

T18：1600万円、そんなに払っても1600万円こないかも、今のこの少子高齢化社会が続けばね。

C27：やめるべきだという意見が出たんですけど、それは、今の少子高齢化社会になっているのは、自分で貯金して計画的に使う自己責任のシステムになっているからということと年金を払わなくなると社保庁の問題がなくなることが出ました。

T19：なるほどね。はい、続けるべきという人は、貯金は長生きに対応できない。貯金は長生きに対応できない。ということは、年金制度は長生きに対応できる。物価の上昇に対応、生存権があるから続けるべき。計画的にもらえるという意見だね。やめるべきというのは現役世代の負担が大きくなるし、社保庁がなくなればかかる経費がなくなるから税金がうくんじゃないか。ういた分税金が減るんじゃないか。それから、早くに亡くなっても貯金を残せるんじゃないか。そして、高齢者はもらえる年金が少なくなるんじゃないか、払った分より年金が来ないんじゃないか。これって、誰の責任なのかな。

C28：自分の責任。

C29：自分の人生だから自分の責任で生きればいいし、さっき、誰かがお金使っちゃうかもしれないって言ってたけど、それもそういうふうに決めたのは自分だから、しょうがないっていうか、仕方ない。

T20：ほう、自分の責任で生きていくんだってこと言ってるけど、この意味は分かるかな。どういうこと。

C30：将来使うお金を自分でためればいいと思います。ためられなかったら、仕方ない。

T21：ほう、自分の責任で生きていくんだという意見ですが、どうでしょう、この意見聞いて。

C31：仕方ないって言っている人は、仕事を辞めてから生きていけない人を見捨てるんですか。

C 32：自分の人生だから自分の責任だと思います。

C 33：それも分かるんですけど、その話って、物価が上がったりした時のことを考えてないし、長生きした時のことも考えてないからちょっと。

C 34：でも、今のままだと年金が不安な状態だし、年金が配られなかったら意味ないと思います。

C 35：負担が大きいと書いているけど、貯金しても、今は物価が高いから貯金できるかどうか分からないけど、年金制度を続ければまだもらえる可能性があるかも知れないと思います。

C 36：計画的にもらえるってなっているけど、貯金でも 65 歳までためていけば、自分で計画的に使えると思うから、やめるのも同じだと思います。

C 37：続けるべき方に生存権があるっていうけど、やめる場合でも、もしも続けていったら、実際、今の生活がすごく苦しくなって自分で働いてやっと 1 人分の給料をもらえるというのにその分の保険料までっていうのは辛いと思います。でも、生存権は両方にあると思います。

T 22：どのやり方にしても生存権は存在するってことだね。じゃあ、それでは、続けるべきだとかやめるべきだという判断しているみなさん、どっちかにするっていうことっていうのはなかなか難しいので、もし書けるのであれば、ちょっと譲って考えてみてよ。もし、こういう条件を付けるんだったら、こうなるので自分は続けるべきだ、やめるべきだ、というようなふうに。では、自分の考えを書いてみて下さい。どうぞ。

T 23：はい、どうかな。書き終わった人は立って下さい。それでは、自分と同じ意見が出たら座って下さい。こちらからどうぞ。

C 38：僕はもともと続けるべきだったんですけど、もし物価が上がらないんだったら長生きしてもより計画的に安心できるのでやめるべき見に賛成です。

C 39：やめるべきに賛成。
C 40：もし自分が保険料を払った分、自分に入るのなら続けるべきだと思います。
C 41：もし長生きした時にお金をためて生活できたらやめるべきだと思います。
C 42：私は、もし少子高齢化社会じゃなくて１人で１人を支えることがなかったら、老後もお金に困ることがなくなるから続ければいいと思います。
T 24：少子高齢化社会じゃなくなったら続ければいいね。なるほどね。
C 43：もし国や市町村で高齢者の生活できない人の責任をとり、生活保護を受けさせたりできるんだったら、お金がなくても暮らせるからやめるべき。
C 44：はい、僕はもしも１ヶ月の平均の収入によって保険料が変わるのなら続けるべきだと思います。他の税みたいに平均の月収が何万円以上なら何パーセントとかのように、たくさんの給料をもらっている人からはたくさん負担してもらって、少ししかない人からはちょっとだけっていうようにすればいいと思います。
T 25：収入に応じて保険料を払えるのならってことだね。
C 45：僕はもし年金保険料の払う額を変えないで、国が残りの額を負担してくれるのなら国民全体の生活が楽になるから続けてもいいと思います。
C 46：もし年金制度をやめて絶対減税されるんだったら、年金制度をやめてもいいと思いました。理由は、今現在、物価が上昇する可能性が大きくて、もしかして税が落ちるんだったらガソリンの値段も落ちたりするかもしれないからやめてもいいかなと思いました。
C 47：私はもし自分が66歳とかで死んで本当はもっと年金がもらえるはずだったのにもらえなかった場合に、もらえなかった分のお金をちゃんと残っている遺族とかに行くんだったら続けてもいいと思います。

T26：ああ、もっと長生きした時もらえるはずだった分、家族や遺族に残せるのなら続けていったほうがいいんじゃない。どう、今こういう風に条件付きで考えてみて、いや、やっぱり今の年金制度はそのまま続けるべき、そう考える人（挙手）、いや、条件付きのこういう風な形で年金制度が整備されてくれればいいのかな、私たちの生活のことをこういう風にして考えてくれればいいんじゃないかな、これに賛成の人（挙手）やっぱ、年金制度はね少子高齢化社会の中では厳しいんじゃない、やめるべきと思う人（挙手）というように、これからあなたたちが世の中に出るまで、もしか普段の生活の中で考えて悩むことがあると思います。社会科では学んだ知識をもとに考えていけるよう、あなたたちに身に付けさせようとしています。今日の条件を付けて考えるというのも、今後、あなたたちの役に立つと思います。

授業プロトコル４

第３章第３節「TPP 参加の是非について」（第５学年）

（授業 VTR ５分程度欠損のため、文字起こし不可）

T1 ：ああ、そうか。そうなったら外国の安い小麦を買っちゃうって話。だから日本の農家の小麦が。

C1 ：売れなくなる。

T2 ：売れなくなるから。

C2 ：反対してる。

T3 ：反対してるんだ。なるほどね。反対してるってそんな TPP に入るとそんな困るかな。（資料「TPP に参加した場合とそうでない場合の影響について」を提示する）TPP に参加した場合どうなの。

C3 ：農業の生産がマイナス 3.4 兆円。

C4 ：でも農業の生産額はマイナスになるけど、工業とかほかの生産額はもしかしたらプラスになるかな、と。

C5 ：（全員）同じです。

T4 ：えっ、そんな「TPP やってよ」って言う人、いたかな。

C6 ：工業の社長とか。

T5 ：そうなのかな。TPP に参加した場合、こんな様（資料「TPP に参加した場合とそうでない場合の影響について」を提示する）になるんじゃないかと言われているんだけど。

C7 ：農業の人が困る。

C8 ：でも工業が。

T6 ：TPP、参加しなかったら。

C9 ：参加しなかったら、ずっとそのまま。変わらない。

T7 ：ずっとそのまま。ずっとそのままね。本当かな。（資料「TPP に参加した場合とそうでない場合の影響について」を提示する）

C10：えっ、マイナス10兆円。（全員驚く）
T8　：外国で参加した国がもっと貿易が盛んになるから、日本が参加できなくなって売れなくなっちゃうっていう話。
C11：そうか。じゃあ、参加しないと。参加しないと出遅れちゃう。
T9　：じゃあ、参加でいいね。
C12：でも農業の人が困る。
C13：農業の人いますよ、リンゴ農家とかいっぱい。
T10：ええ、そんないるかな。（画面を見せる）270人だよ。
C14：270万人だよ。
C15：工業の場合はどうなんですか。
T11：えっ、工業の場合はどうなんですかっだって。（資料「TPPに参加した場合とそうでない場合の影響について」を提示する）
C16：凄い。これは参加した方がいい。
T12：参加した方がいいかな。
C17：はい。いいえ。（混在の意見）
T13：反対の人もいるみたいだね。では「日本のTPP参加に賛成か。」（板書）
C18：「日本のTPP参加に賛成か。」（一斉読み）
T14：賛成。（挙手させる）いや反対。（挙手させる）ちょっとグループで話してみて。T15：そろそろいいかな。ちょっとお話を聞いてみよう。
C19：私たちの班ではTPPには参加した方がいいという意見が出ました。理由はえっと。
T16：ちょっと待って、その班はみんな参加かな。
C20：はい。
T17：分かった。ちょっと待って。全員参加になった班は。（挙手させる）参加に賛成。
では、全員反対になった班は。（挙手させるも誰もいない）いやいや、意見対立しちゃったんですけれどもという班は。（挙手させる）対立した。まとまらなかった。その班は、何で対立したのかな。

C21：賛成は工業の値段が高いから、農業の分のマイナスを取り消せるんじゃないかなと。

C22：結局、日本が得をする。

T18：日本が得をする。なるほどね。でも反対はなんて出たの。

C23：確かに工業の生産額は上がって産業のマイナスは取り消せるけど、国の借金が取り消せるかどうかは、ちょっと。

T19：国の借金が増える。国の借金って増えるのかな。

C24：工業製品の分で返せるんじゃないですか。

C25：賛成は工業の方が農業よりも生産額が多いから、その分日本全体が良くなって景気が良くなるけど、反対だと国会議事堂に反対している人たちが乗り込んでギャーギャー騒いで最悪の場合は暗殺計画が、そしたら日本はおしまい。

T20：暗殺計画から先は妄想だと思う。今の話は、誰が反対しているのかな。

C26：農家の人。

C27：先生、要するに、日本が農業と工業で分裂しちゃうってことなんですよ。

C28：（様々な意見をつぶやいている）

T21：はい、ちょっとまとめてください。

C29：農家の人が反対するのは、外国の物の方が安いから日本の人は外国の物を買うだろうし、日本の物が売れなくなるから農家の人は収入が少なくなって生活が苦しくなるから反対していると思う。

C30：（全員）同じです。

T22：外国の物が安いから国産の物がどうなるって話。

C31：売れなくなる。

T23：売れなくなるからどうなるっていう話。

C32：利益が減って生活できない。

C33：農家の人生活できない。

T24：生活できない人がいても、君たちは賛成なんだ。

C34：見捨てるんですか。
T25：見捨てるんですかって言ってるよ。
C35：(様々な意見をつぶやく)
C36：もしも、生産額がマイナスになった時には、国で新しい制度みたいのができるからたぶん大丈夫。
T26：こういうことがあったら、国がなんかしてくれるってことですか。国ってどんなことしてくれるのさ。
C37：補助金。
T27：補助金って何。何かの時って、補助金ってあったかな。
C38：米の生産調整。
C39：転作。
C40：違う作物を作る。
C41：休耕田とか。
T28：となると、国から何が出るって話だっけ。
C42：補助金。
T29：お金、補助金が出るって話。国が何かしてくれる、それしかないかな。この話がどんどん進んでTPPに参加した後。
C43：確かに景気は良くなるけど、農家の人達と工業の人達が対立して、日本が分裂しちゃうから意味ないじゃん。
T30：これ、大変だなあ。でも、そういった農家の人たちが悲しい思いをするっていうこと言ってるんだよね。じゃあ、TPPに参加した後、農家はどうなるの。
C44：破産。
T31：そうかな。
C45：工業やればいい。
T32：今まで農業をやってきた人が、すぐ、違う職業とかやれるかな。
C46：やれない。お年寄りが多いから。
C47：そうそう、多かった。
T33：多かったよな。その人に明日から工業やれってことですか。
C48：無理だ。

T34：じゃあ、どうすればいいの。国がお金を補助金で配ればいいって、それしかないかな。

C49：工業や商業等の利益を少しずつ日本の農業の人たちに分けてあげればいいと思う。一年に何円分けるとか決めて、計画的に分けてあげればいい。

C50：外国に直接売るんじゃなくて、直売所とかで売ったりして。同じ地域の人に分けて、農業の利益を増やせばいいという意見が出ました。

C51：3班では、工業でプラスされた利益を農業で働いている人に一年間にもらえる利益をお金にして渡すという意見が出ました。

C52：4班では、国から補助金をもらって、土地代の補助金をもらって、田や畑の面積を広くして、大量生産すれば安く売ることができるので、ちゃんと売れると思います。

T35：国から補助金、その補助金の使い道は何代だって。

C53：土地代。

T36：土地代、土地代にすると何なの。

C54：面積が大きくなるから大量生産できる。

C55：5班では4班と同じで、大量生産をすれば安くなるから、農産物を大量生産して安くすればよいという意見が出ました。

C56：農業はTPPに反対しているから、そのまま関税をかけて外国から輸出されたお米とかは関税をかけて農業にはかけない。

C57：それ自由貿易じゃない。

C58：TPPじゃなくなってるし。

C59：他の国は絶対、参加させてくれないし買ってくれない。

T37：補助金で広い土地を買えれば大量に作れて安くなるって、これどっかでやってたかな。こういうやり方って。広い土地で大量生産で安くなるって。

C60：頑張ればできる。

C61：アメリカやカナダ。

T38：アメリカやカナダがやっているように、日本でもやればできるんじゃないっていう話かな。

C62：かなわないと思います。機械とか小さいから。

C63：(様々なつぶやき)

T39：面積、機械も大型じゃない。アメリカは確かに機械が大型だったからな。では、工業などの利益を農業に分けるのかな。

C64：いっぱい分けるんじゃなくて。工業や商業で収入した働いたお金を、例えば、少しでもいいからみんなから集めて、それでやっていけばいいと思います。

T40：ちょっと待って。みんな、安くすればいいとか直売所で売ればいいとか、直売所で売ると何かいいことあるの。直売所で売ってる物って、何で売れるのかな。

C65：新鮮だから。

C66：新鮮だと欲しいです。

C67：安くて、見た目が良くて美味しい、質がいい。

T41：安くて、見た目が良くて美味しい、質がいいね。美味しかったら買いますか。

C68：美味しくて安かったら。

T42：そうか。それがとっても美味しかったら、どうする。

C69：出す。買う。

T43：もう食べたくてしょうがないとか、そういう物だったらどう。

C70：お金を出す。

T44：そういった美味しい物作るって、リンゴだったらどこで作る。どうすれば美味しい物が作れるかな。

C71：品種改良。

C72：やっぱり、品種改良かな。

T45：品種改良って、青森のリンゴ品種改良ってどこでやるのさ。

C73：そうだそうだ、リンゴ試験場。

T46：リンゴ試験場、このリンゴ試験場は品種改良したりする所なんだけども。これ、リンゴだよね。米は品種改良しないかな。

C74：いやいや、しますよ。

T 47：いやいや、米の品種改良する所、今、こうなってるよ。青森の。これ昨日の新聞。ほら、つがるロマン・まっしぐらを開発したこの建物、今なんだって書いてるの。

C 75：老朽化。

C 76：古くなってる。

T 48：古くなって建て替えられないんだって。

C 77：リフォームすればよい。

T 49：リフォームか。

C 78：立て替えじゃなくてリフォーム。

T 50：だって、安倍首相、こういう農業にお金出してくれるって新聞に書いてるよ。

C 79：70 兆。（驚きの声）

T 51：つまりこういったことに予算をこれからかけますよ、お金を出しますよって言ってる。で、こういった物でお金をかけると、実際に美味しいのを作れるのかな。このVTRを見てよ。（VTRを流す）

「さっ、このところ成長戦略という言葉を聞くことがありませんが、中でも政府が力を入れているのが攻めの農業です。先週は農業の所得倍増ということも飛び出しました。その実現のヒントをさぐります。井上キャスターが取材しました。」

「はい、今回取材したのはこちら、リンゴです。色形様々ですが見事なできばえです。実はこのリンゴ、日本から海外に輸出する果物の中で最も輸出額が多くいわば攻めの農業の代表選手と言えるでしょう。」

「岩木山の麓、全国一のリンゴの産地、青森県弘前市です。弘前市のリンゴ公園です。その名の通りこちらには 65 品種 1300 本のリンゴの木が植えられています。綺麗な花がほころび始めていますね。」

「あっ、こんにちは、お邪魔いたします。」

「ここで半世紀以上リンゴ栽培を手がけている農家を訪ねまし

た。」

「工藤誠一さんです。76歳の工藤さんが貫いてきたのは、現状に満足しないこと。長年にわたって品種改良を続けてきました。工藤さん、世界で通用するリンゴを作らなければならないと品種改良に力を入れるようになりました。それから15年後に誕生したのがこのダイコウエイと呼ばれる品種です。」

「一つ2000円ほどで、飛ぶように売れています。」

C80：え。(驚きの声)

T52：みんな安いと売れるって言ってたけど、これはどうだったから売れてるのかな。

C81：美味しいから、高くても売れる。

T53：だから安いだけじゃなくて、売れるリンゴを作れるように、こういった所で開発できれば、どう、農家は。

C82：儲かる。やっていける。

T54：分かりました。君たちのノートに、今日、勉強したことをまとめて、自分は賛成か反対かっていうのを書いてください。

授業プロトコル５

第３章第４節「子ども手当の導入について」（第６学年）

C1　：前の時間は、日本は困っている人をみんなで支え合う、社会保証制度というものを勉強しました。

T1　：社会保障とは一言で言うと。

C2　：みんなで支え合う。

T2　：みんなで支え合う、そういうことだね。では、ちょっとこちらを見て下さい。（事業仕分けをしているニュースのVTRを流す）
「2010年度予算の概算から無駄遣いを洗い出す事業仕分け。追求する仕分け人と事業を死守したい省庁側。連日、両者の間で激論が交わされている。なぜ今、助成教育かそれについてお話しいたします。」
「宿泊の稼働率はどれくらいでしょうか。」
「ええと、44％くらいです。」
「この宿泊している方は全員が研修を受けていますか。」
「ええ、研修を受けています。よろしいですか。」
「一般の方の利用は。」

T3　：何これ、何かな。

C3　：仕分け。

T4　：何でこんなことをやっているのかな。

C4　：無駄遣いを。

C5　：お金。

T5　：お金、えっ、何の。

C6　：国の。

T6　：国のお金の無駄遣い。国なんかはお金をいっぱい持っているんだからさ。ちょっとくらい無駄遣いしたっていいでしょう。

C7　：借金まみれですよ。

C8 ：国は。日本は。
T7 ：日本は赤字なのかな。
C9 ：はい。
T8 ：そうなのか。赤字か。では、どのくらい赤字かっていうのを出しているページがあります。（借金時計の Web を提示）
C10：どんどん増えていってる。
T9 ：この数字、大きな声で読んで下さい。
C11：836 兆 8608 億…（増えていっているので読めず、みんなに笑いが起きる）
T10：増えているね。
C12：今も借りているから。
T11：借金って借りてることだよね。借りているから付くもの何かな。
C13：利子。
T12：ただでは貸してもらえないので、借りている物には利子がつきます。その利子がこんなに増えています。このお話をしている間にも 2000 万位増えてますね。おお、また 1000 万位増えた。これからいくと日本っていうのは赤字かな、黒字なのかな。
C14：赤字。
T13：日本は赤字みたいだね。何で赤字かというと一つには今の世の中、景気がよくない。不景気で物が売れない。なかなかお給料が上がらないから物も買えないし売れない。そういったところで税がなかなか集まらないっていうのが一つ。もう一つは（黒板にグラフが書いてある資料を貼る）0 歳〜14 歳、65 歳以上、15 歳〜64 歳、この中で税金を納めそうなのは何色かな。
C15：青。
T14：はい、一番税金を納めそうなのは（青の 15 歳〜64 歳を指さす）これ、どうですか。今年は 2010 年（グラフを指さす）。じゃ、税金を納める人の数はどうなっているかな。
C16：減ってる。
C17：減ってるよ。

C18：そしたら税金も減るよ。

T15：人が減っているみたいだね、そうなると税金が多く集まらない。集まっていないのに使う額が多い、だからこういう画面のようになっているようです。こんなお金がない日本なのにこのCM見てください。（画像CMを流す）

C19：子ども手当と高校の無償化。

T16：子ども手当って知ってるかな。0歳の子供から中学3年生の子供まで、家に子供がいれば1ヶ月に1人につき1万3千円あげます。国が。

C20：そんなことをして大丈夫なんですか。

T17：それと高校、だいたいそうだね、1年間の授業料がだいたい15万位かかるのかな。それを「今年からもらいません。国が代わりに払います。」と言ってるんだって。

T18：はい、おしまい。今日は子ども手当てと高校の授業料は無料になったよということが分かってよかったね。いいでしょう、この二つ分かったから、授業終わり。ん、何ですか。

C21：先生、日本は赤字で借金まみれなのに、高校のお金とか無料でやったり、子ども手当てとかを支給しているのかが分かりません。

T19：なぜかな。

C22：なぜ、日本は赤字なのに子ども手当てを支給したり高校の授業料を無料にしたのだろうか。

T20：はい、ではグループで話し合ってください。

C23：僕たちの班ではなぜ日本は赤字なのにこういうことを無料にしたかということを話し合いました。それは、月1万3千円支給したり、高校の授業料が無料になるまで子供が増えていくと、その分、税金がたくさん払われるからじゃないかなと思いました。

C24：僕たちの班で話し合った結果は、日本は不景気なのでお金を使いたくない人が多くて、子供に才能があってもそれを発揮できないとか、そういうことがたぶん多いと思うので、そのためお金を支給して才能を高めて下さいという考えと、高校の授業料も同じで、すごく才能があるのにお金をあまり使いたくないので、入れさせてあげられないというのがたぶん結構多いので、せめて授業料を無料にしてどんどん才能がある人を増やして国を代表する人をつくる。

C25：僕たちの班は何で子供が増えるのかっていうと、子ども手当とかで1万3千円もらえるから、その分お金が自分たちの方に入ってくるというので、たくさんの人が結婚して子供をいっぱい作って、お金を自分たちの所にいっぱい入れて、それで子供が増えて多くの税金が集まってデフレを回復しようという考えなんではないかなと思いました。

T21：どういうことかな。

C26：えっと結婚して子供が増える。で、自分たちの所にお金がいっぱい入って来る方がいいので子供をたくさん増やして、その子供が大人になって国の税金を多く払うから多く集まる。

C27：私たちの班では、子ども手当ってお金が支給されるじゃないですか。その支給されることによって子供を増やしたいという人が増えてくると思うんですけど、図を見ると0歳～14歳の子供がどんどん減っているんですよ。そのままだといずれ子供がいなくなるんですよ。そうなると大変で、しかも大人に成長する子供がいないわけですので税金を払う人がいなくなるので、その税金を集めるために将来子供の人口を増やすために子ども手当をやってみたり授業料を無料にしたりしているのだと思いました。

C28：私たちの班では二つの意見が出て、一つは前回習った社会保障制度の中に子供が入ったからかなということと、もう一つは独身の人とかが老人になっていくとかもあり得るので、子ども手当を支給すれば独身の人も結婚して子供が増えて国の税金につながるからだと思います。

C29：私たちの班では高校の授業料を無料にしたのは、たぶんなんですけど、前までは高校の授業料が、さっき秋田先生が言った年間15万円とかって高かったので高校に入りたくても入れない人がいたり、家の都合で高校をやめさせられたりという人が多かったので授業料を無料にして高校に入らせる人を多くしたのだろうというのと、子ども手当の支給は、たぶんなんですけど、学校の授業料はともかく給食費とかを払えない人たちがいるかもしれないので、その給食費を払えるために出しているのではないかということでした。

T22：様々な意見出ましたが、いや絶対こうだと思いますとか、この意見賛成ですとか、いやこの意見逆にちょっと分かんないんですけどといった意見ありませんか。

C30：たくさんの人が結婚っていうのがあるんですけど、独身の女の人でも子供を産んで自分の給料とかだけでも育てられるようにして、税金が増えていっているので結婚はあるかもしれないけど、独身とかの人でもシングルマザーとかにもなれるように子ども手当があるんじゃないかなと思いました。

C31：子ども手当をもらうと子供が増えるって、意味が分かんない。子ども手当をもらう時より、普通に結婚したら子供ができる人もいればできない人もいるし、子ども手当をもらうとなぜ子供ができるのかが分からないです。

C32：それについて、はい。(挙手)

C33：子ども手当というのは子供がいる家族には月に１万３千円もらえるということなので、それを考えると子供を増やした方がお金をたくさんもらえるって思う人たちがたくさん出るから、子供を産んで子供が増えていくんじゃないかなと思いました。

T23：子ども手当をもらうために子供を産もうかなということなのかな。

C34：僕が思うに０歳～14歳が減っているということは、国民の人たちが全体的に子供をつくらないっていうふうになってきているんですよ。それは、最近不景気とかだから、子供をつくると子供にお金を使ったりして大変なんですよ。でも、１万３千円入ってきたり高校の授業料が無料になったりすると、子供をつくっても困らないから、子供をつくりたくてもつくれないって人がいてもつくれるようになって子供がいっぱいできると、将来大人になってから税金を納める人がたくさん出てきて、国のお金が増えるのではと思いました。

C35：でも、子ども手当って、税金を使って払ってるんですか。

T24：そうだよ。

C36：それって、何か、いいのかな。

T25：どういうこと。

C37：だって、さっき独身の人とかっていう話で、結婚してない人や子供がいない人とかも税金を払っていて。何かおかしいと思う。

C38：多分、子供いない人から集めた税金もあるのに、それを子供がいる家に1万3千円払っているのっていうのがおかしいってことだと思います。

C39：（全員）ああ。

C40：不公平だよ。

T26：何が。

C41：だから、税金はみんな払うのは義務なんだけど、1万3千円に使う税金の分も集めるのはちょっと。それを集めた国から1万3千円をもらえる人ともらえない人が出るのが不公平っていうか。

T27：もらえる人ともらえない人がいるのは不公平なのか。

C42：僕は仕方ないかなって思う。さっきも言ったけど、0歳～14歳が減っているということは、子供がいなくなってくるんですよ。そうすると、税金を払う大人も、将来いなくなっちゃうんですよ。だから、子供をつくりやすくすれば、独身の人も減るんじゃないかな。

C43：もし、子供がいなくなって、将来、日本に税金を納める人がいなくなったら、破滅っていうか、前に見た、税金の無い暮らしのビデオのように、火事の時、消防車来ない時とかあったり、救急車がこなかったり、お巡りさんが泥棒捕まえなかったりみたいな風になったら破滅かな。

C44：要するに、みんな、将来のことを考えたら、子供がいなくても子供がいっぱい増える方がいい国になるんですよ。
T28：そうか、では、集めた税金を子ども手当に使うのは賛成かな。賛成の人。
C45：(ほとんどの児童が挙手)
T29：反対の人。
C46：(挙手無し)
T30：迷っている人。
C47：(3分の1程度の挙手)
T31：子ども手当が子供を育てやすくするためっていうのは、実際、どうなのかな。1万3千円は、親は、何に使っていると思うかな。
C48：給食費。
C49：文房具題とか。
C50：服とか。
T32：高校の授業料が無料になると。
C51：楽になる。
T33：楽になるね。誰が。
C52：つまり子供を育てるのが楽になる。じゃ、それは誰のメリットなのかな。
C53：親。国。
T34：まず親どうですか。
C54：親は確実に楽になる。
T35：国って何なの。国が子供を産むの。
C55：いやいや。
T36：はい、どうぞ。
C56：子供が大きくなれば大人になる＝税金を国に払うことになる。赤字・借金まみれの日本にとってはお金がたくさん集まるからメリットなんじゃないかなと思いました。
C57：今はお金がかかってデメリットだけど、未来はメリット。
C58：あっ、それはうまくいけばですけど。

T37：うまくいけばメリット。じゃ子供が減っているのはどうなればいいといっているのかな。
C59：増えればよい。
C60：緩やかに右肩上がりの曲線をえがく。
C61：大人も増える。
T38：増えるのね。増えると国にとってのメリットは何かな。
C62：税金が増える。
T39：メリットって税金だけかな。
C63：借金を払うことができる。
T40：国のメリットって、税が多く集まる、これだけなのかな。
C64：社会保障制度だとみんなが払ったりしているものなど、ちょっとだけ安くなったりして、その税から少しでてみんなが支える分が軽くなる。
C65：昨日やった病院のみんなで支え合って出していくっていうのを将来的に税が多く集まってくると、一人一人の出す分のお金が少なくなっていくってことだから、そこの分もメリットになるんじゃないかなと思いました。
T41：分かったんだ。本当かな。じゃあ、この二人が何を言いたかったのかグループで話し合ってみて下さい。
T42：はい、だいたい話し合ったら分かりました、整理されましたっていう人（挙手)、まだちょっと正直自信がないですという人（挙手)。自信がないっていう4人は前に出て下さい。では、この4人にちょっとやってもらいたいんだけど、その前にこの表を見て。この表でいくとお年寄りの方って何色かな。
C66：オレンジ。
T43：オレンジね。この表を見ると青はオレンジの何倍いるかな。
C67：3倍。4倍。
T44：約何倍かな。
C68：約3倍。
T45：ということは、お年寄り1人に対して働いている人が何人っていうことかな。

C69：3人かな。

T46：（4人のうち1人をお年寄り役に、あとの3人は働いている人役に）3人は働いている人なのでお給料をあげます。よく働いてくれました。お金は直ぐに数えて下さい。（17枚の1万円札を渡す）はい。3人がこのお年寄りを支えることとなります。12万円あると生活できるということですのでみなさんは、1人いくら払えばいいかな。

C70：4万円。

T47：じゃ、4万払って下さい。では、これはお年寄りに。はい、お年寄りの方は何か言うことがあるんじゃないですか。この方々に。

C71：ない。

T48：何もない。人に物をもらって何もないの。

C72：どうも。

T49：どうもだって。ちょっとシャイなおじいさんですね。今は3人で1人を支えています。でも、将来、君たちがおじいちゃんおばあちゃんになる頃になると（グラフが書いてある資料を指さしながら）この線はこのままいくとどうなるのかな。

C73：お年寄り1人を1人で支える。

T50：1人を1人で。では（働いている人役の1名に立ってもらい）1人を1人で支えてます。今月はごくろうさまでした。お給料です。同じ額です。はい、では、お年寄りが生活できる分払って下さい。

C74：はい。（12万円をお年寄り役に渡す）

T51：あっ、いいの。何か言うことはありませんか。

C75：あげたくなかった。

T52：何であげたくないのですか。

C76：自分のお給料が少なくなって、おじいさんやおばあさんたちに自分のお金を渡したから。

T53：じゃ、あなたは生活ができますか。

C77：いいえ。
T54：（お年寄り役に）あなたは生活できますか。
C78：できます。
T55：（お年寄りからお金を回収して）じゃ、自分で生活できる分を手に持って残りの分をお年寄りにやって下さい。
C79：（迷いながら）渡す。
T56：（お年寄り役に）何か言うことは。
C80：あっ、どうも。
T57：これでいいの。これでいいんですか。
C81：はい。
T58：じゃ、あなたはこれで生活ができますか。
C82：できると思う。
T59：えっ、できるかな。
C83：（全員）できない。
T60：（お年より役の人に）あなた生活できるの。12万ないと生活できないとなっているのに、あなたいくらもらいましたっけ、今。
C84：５万。
T61：生活できますか。何か言いたいことはありますか。
C85：少ない。
T62：（働いている人役に）少ないって言っているけど、あなたは払いますか。あなたが生活できないくらい払いますか。
C86：絶対に無理です。
T63：絶対に無理だって。こんな将来でいいのかな。
C87：だめです。
T64：じゃ、どうしたいの、国は。
C88：働く人を増やしたい。
T65：じゃ、働く人を増やせば、何ができると言っているのかな。
C89：どちらも生活できる。
C90：みんなで支え合える。
T66：そうか、分かりました。４人は戻って。ありがとう。そうか、じゃ、実際この子ども手当や高校の授業料無料化、これをつくった大臣がどういう思いでこの制度をつくったのかを話しているDVDがあります。といっても、もう授業の時間は終わりました。次回。

C 91：今見たい。

T 67：今見たいのですか。でも時間が来たので、次の時間にしましょう。挨拶どうぞ。

授業プロトコル6

第3章第5節「ダム建設の是非について」（第4学年）

T1 ：前の時間はどんな学習をしたかな。

C1 ：この前の社会ではダムの6つの役割をやったと思います。

C2 ：（全員）同じです。

T2 ：ダムの6つの役割は何でしたか。

C3 ：水力発電、洪水を防ぐ、生活用水、農業用水、工業用水、川の水を調節する。

T3 ：そういう役割があるんだ。で、どこだっけ。大きくなるダム。津軽では何ダムを大きくして何ダムにするんだっけ。

C4 ：目屋ダムを大きくして津軽ダムになる。

T4 ：目屋ダムが大きくなって津軽ダムになるって話だよね。目屋ダムってどこにあるんだっけ。

C5 ：西目屋。

T5 ：みんな西目屋のどこにあるが知ってるよね。

C6 ：知らない。

T6 ：ええっ、だって行ったことあるでしょう。

C7 ：いや無いです。

T7 ：（二万五千分の一地形図「西目屋」を提示しながら）どこが村の中心だろう。

C8 ：そこ。

T8 ：村の中心だってなんで分かるの。その証拠は。

C9 ：村役場があるから。

T9 ：西目屋の村役場ってどれですか。ちょっと前に出て指して下さい。

C10：これ。

C11：（全員）同じです。

T10：（役場の地図記号を指さし）役場があるとすると、他に見られる地図記号には何があるかな。
C12：学校。
C13：その、役場のそば。
C14：消防署。
T11：そうだ消防署もあるね。では、どこがダムかな。
C15：（指さし）これだと思います。
C16：（全員）同じです。
T12：じゃあ、（OHC を）近づけていくか。
C17：あ、目屋ダムって書いてる。
T13：目屋ダム、そうだね。確かに目屋ダム、ここにあるみたい。で、このダムをどうするって話かな。
C18：大きくする。
T14：大きくする。そう、大きくするんだ。大きくすると、どうなるか。（OHP シートに建設予定の津軽ダムを描いたものを地図に重ねて）どうですか。
C19：（驚き）おお。
C20：でかっ。
T15：大きなダムができてよかったね。
C21：（「そうかな」等、様々な発言）
T16：えっ、だからダムが大きくなってよかったね。
C22：（「そうは言えない」等、様々な発言）
T17：えっ、何で、大きなダムができればいいでしょう。何で君たち文句言うの。
C23：ダムを大きくするのは別にいいけど、大きくする分、広げる前のダムの周りに住んでいた人たちが立ち退きになったりするからです。
C24：（一同）だいたい同じです。
T18：だいたい同じって、どこの部分を話してるのかな。
C25：（津軽ダムを指さし）赤い所。

C26：赤の中でも水色の部分（目屋ダム）じゃない所が立ち退きになったりするから大変だと思います。
C27：（全員）同じです。
T19：だって、ダムを大きくすればいいんじゃないのかな。
C28：（「そうとは言えない」等、様々なつぶやき）
C29：家あるし。
C30：（指さして）ここら辺、家だと思います。
C31：黒いつぶつぶの辺り。
T20：家ですか。いや、だってほらね、湖の底に住めばいいわけでしょう。
C32：（一同笑い）無理。
T21：だめかな。
C33：はい。
T22：何がだめだって。
C34：住民たちがいるから。
T23：津軽ダムつくったらだめだっていう話なんですか。
C35：いいけど、でも。
C36：（様々なつぶやき）
T24：そうか。では、今日はそれを考えていきますか。どんな問題にすればいいかな。
C37：津軽ダムをつくっていいのだろうか。
T25：では、今日はそれを考えていきましょう。で、だめなんですか。ダムをつくったら。
C38：住民たちがいるから。
T26：なるほどね。で、みんなはつくったらだめだって言ってるんだね。はい、終了。
C39：いや、いいんだけど。
T27：いいじゃん、大きいダムできれば。6つの機能があるんでしょう、ダムには。
C40：（様々な意見）

T28：何がだめなのさ。
C41：周りに住んでいる人たちがどこに引っ越したりすればいいか分からなくなるから。
C42：（全員）同じです。
T29：ああ、住んでる人って、これ本当にいるのかな。
C43：多分。
T30：そうか、見たこと無いから分かんないよね。実際に住んでるかどうかなんてね。はい、こんな所（写真を見せる）です。山だけだからいいんじゃないの。
C44：家もあるし。
T31：家ある。そうだね。これで何人位住んでいると思う。
C45：（100,200人等様々な回答）
T32：ダムの底に沈む家に住んでいる人々はだいたい500人だって。
C46：いるね、人。
T33：この写真は。
C47：あ、子供。
C48：人がいる。
C49：家族がいる。
C50：学校もあると思う。
T34：学校。学校っぽい建物あるかな。ここですね。
C51：あ。
C52：はい、砂小瀬小って書いてる。ここ。
T35：こういう様に人々は暮らしてました。そんな所、沈めばいいと思ってるんでしょ。
C53：だめですよ。
C34：それからどうなるの。500人は。
C55：どうなったの。
C56：知りたい。
T36：大人の事情で内緒。
C57：ちゃんと教えてください。

T 37：そうですか。全員じゃないけど、ほとんどは三つの地域に住むことになります。一つはさっき言ったこの先の村の中心。ここに移り住んだ人たち。それから隣の旧岩木町、そこに住んだ人たち。そして、そこに聖愛あるでしょう。あの周りに移り住んだ人たち。この三つに別れ別れになったという話。で、いいでしょう、分かれても住んでいるんだから。

C 58：家とか建てるお金は。

T 38：引っ越しのお金と新しく住む所のお金、新しく生活を始めるのに必要なお金とかをちゃんとその 500 人には与えたのでいいでしょう。

C 59：そのお金はどうしたの。

T 39：村で建ててるんじゃなくて国で建ててるから、国のお金で払って移転してもらったから、よかったね。

C 60：いいけど。

C 61：広さ。

C 62：大きすぎたり。

T 40：広さが問題なのかな。

C 63：山の動物とか。

T 41：動物にお金払ってないからだめだってことかな。

C 64：いや

C 65：住んでる動物とか。

C 66：人とか。

C 67：あっ、学校。

C 68：それと、大人とか働く所は。

C 69：勉強する所とか。

T 42：何か問題あるのかな。ダムできれば何か困ったこと起きるのかな。この人たちにお金払ったからいいでしょう。

C 70：仕事ができなくなる。

C 71：最初とか、なれていない場所だと生活が。

C 72：いや、環境。友達とかも。

T43：なれていない場所というのは仕事だけじゃない。なるほどね。仕事だけじゃない。学校だって転校して「宜しくお願いします」って行ったら人気者でいいでしょう。
C73：いや、すぐには。いじめられたり。
T44：だめなのかな。
C74：いや、みんなバラバラになる。
T45：転校、同じ所に行くわけではないんだ。
C75：三つに分かれてって言ったから、それからバラバラになる。
C76：住む所によって学校とかが違う。
T46：バラバラの学校でもお金払ったからいいでしょう。
C77：そういう問題じゃない。
T47：金の問題じゃないとは。
C78：お金だけ払えばいいっていう訳じゃない。
C79：そうそう。
T48：そう思う人、挙手。
C80：(みんな挙手)
T49：そうなのか。お金の問題じゃないのか。
C81：お金も大事だけど。
C82：慣れている場所で生活できるのも大事。
C83：学校だってバラバラにならないし。
T50：学校の何が。
C84：学校の友達が。
C85：離れない。
C86：一緒。
T51：みんな一緒だ。なれている生活、友達が一緒ってことだけかな。
C87：仕事。
T52：仕事も変わらなくてもいいかもしれないね。仕事、確実に変わっちゃう仕事って、例えば何やっている仕事かな。
C88：村役場。
C89：学校の先生。

C90：ああ、農家。
T53：畑とかね。
C91：でも、大きくなって私のふるさとはここですってダムの底を指さすことになる。
T54：なるほどね。でも、ダムつくらなかったら、この人たちはみんなのいう通りの生活かもしれないけれど、ダムつくらないと実際どういうことが起きるのかな。
C92：洪水。
C93：岩木川に。
C94：ダムをつくらなかったら岩木川周辺の人たちが大変。
T55：洪水、それから、洪水だけかな。
C95：水不足。
C96：水が臭くなる。
T56：ああ、去年の夏、水が臭かった人いたかな。美味しくなかった。墨汁の臭いにおい。あれは水不足からそうなったね。なるほどね。こういう影響を受ける人々っていうのが何人だったっけ。
C97：44万人
T57：ああ、44万人。そうか。じゃ、やっぱりダムをつくった方がいいね。
C98：(「悩む」等の様々なつぶやき)
T58：何で「悩む」って言ってるの。
C99：悩むから。
T59：じゃ、つくった方がいい（挙手させる）いや、やっぱりつくらない方がいい（挙手させる）いや、正直悩む（挙手させる）じゃ、ちょっとグループで話し合ってみて。では、１班からお話聞いてみましょう。
C100：１班ではダムをつくらなくてもよいという意見が出ました。理由は、今まで洪水とかが起きても誰も死んだ人がいないのでつくらなくてもよいという意見が出ました。
C101：２班ではつくってよいという意見が出ました。理由は、被害が出ることを住民に理解してもらって住人の人たちが洪水とかまた起きるとだめだから、大きくするとよいという意見が出ました。

T60：住民というのはどこの住民のこと。

C102：ダムを大きくする時に被害が出る所。

T61：ああ、ここ、砂子瀬の住人に理解してもらえばよいと。では次。

C103：３班ではダムをつくった方がいいという意見が出ました。理由は、砂子瀬に住んでいる500人の人たちは移動するだけで慣れていない生活をするだけなんですけど、岩木川の周りに住んでいる44万人の人は洪水の被害が大きくなると死者も出るかも知れないからつくった方がよいという意見が出ました。

T62：あ、500人よりも44万人の方を助けるみたいなそんな感じだね。

C104：４班ではつくらない方がよいという意見が出ました。理由は白神山地につくりかけた道路と一緒で、砂子瀬に住んでいる人たちのことを考えてつくらない方がいいという意見が出ました。

C105：５班ではつくった方がよいという意見が出ました。理由は、つくらないと洪水などで44万人に被害がでて砂子瀬に住んでいる500人も一瞬だけなれていない生活や仕事、学校があっても我慢して、つくった方がよいという意見が出ました。

C106：６班ではつくった方がいいという意見が出ました。理由は３班と同じように500人よりも44万人の人たちを助けた方が被害にあう人は少ないと思うから。

T63：そうか。で、みんな班の中で同じ意見になったのかな。

C107：少し対立した。

T64：何の意見と何の意見で対立したの。

C108：砂子瀬の人のことを考えてということと500人よりも44万人をということで。

T65：君たちはさ、この考え方っていうのは、もちろん砂子瀬の人を考えてという風に話し合ったんだと思うけど、こういった誰々のことを考えてというは立場って言います。君たちは誰の立場で考えたって話ですか。

C109：砂子瀬。津軽の人。

T66：ダムをつくった方がいいって考えてる人たちは、一体、誰の立場で考えてるの。

C110：44万人の人たち。

T67：44万人の誰の立場かな。

C111：岩木川。周りに住んでいる人。

T68：じゃ、君たちは最終的につくればよいかどうかをノートに書いてみて。自分の考えを。書く時には「津軽ダムをつくっていいか考えたら」という書き方で始めて下さい。

参考文献一覧

1　参考図書一覧

赤松良子『クオータ制の実現をめざす』パドウィメンズオフィス，2013
秋田喜代美『はじめての質的研究法　教育・学習編』東京図書，2007
有賀誠他『ポスト・リベラリズム』ナカニシヤ出版，2000
A・セン『人間の安全保障』集英社，2006
A・セン『不平等の再検討』岩波書店，1999
A・セン『合理的な愚か者』勁草書房，1989
A・セン『経済学の再生―道徳哲学への回帰―』麗澤大学出版会，2002
A・セン『正義のアイデア』明石書店，2011
後藤玲子『正義の経済哲学』東洋経済新報社，2002
橋本努『経済倫理＝あなたは、なに主義？」講談社，2008
畠中雅子『子ども手当』主婦の友社，2010
稲葉振一郎『リベラリズムの存在証明』紀伊國屋書店，1999
井上尚美『思考力育成への方略―メタ認知・自己学習・言語処理―』明治図書，2007
井上達夫『現代の貧困―リベラリズムの日本社会論―』岩波書店，2011
井上達夫『他者への自由』創文社，1999
貫成人『図解・標準哲学史』新書館，2008
池野範男他『小学社会６年下』日本文教出版，2015
石毛直道他『社会６』光村図書，2015
伊藤恭彦『ポスト・リベラリズム―社会的規範倫理への招待―』ナカニシヤ出版，2000
伊藤園子他『ディベートをたのしもう』え・さ・ら書房，2001
岩田一彦『産業学習の理論と授業』東京書籍，1991
岩田一彦『社会科固有の授業理論 30 の提言』明治図書，2001
岩田一彦『小学校社会科の授業設計』東京書籍，1991
岩田一彦『社会科授業研究の理論』明治図書，1994
岩田一彦『小学校産業学習の理論と授業』明治図書，1991
岩田一彦『小学校社会科学習課題の提案と授業設計』明治図書，2009
岩田一彦他『「言語力」をつける社会科授業モデル―小学校編―』明治図書，2008
岩田一彦『エネルギー問題をめぐる論点・争点と授業づくり』明治図書，2005
J・ロールズ『正義論改訂版』紀伊國屋書店，2010
笠井健一他『授業における「思考力・判断力・表現力」』東洋館出版社，2012

川島博之『「食料自給率」の罠』朝日新聞出版，2010
菊池理夫『日本を甦らせる政治思想ー現代コミュニタリアニズム入門ー』講談社，2007
北俊夫他『新しい社会６年下』東京書籍，2015
児玉聡『功利主義入門ーはじめての倫理学』筑摩書房，2012
河野哲也『道徳を問いなおすーリベラリズムと教育のゆくえ』筑摩書房，2011
鞍掛五郎他『TPP でどうなる？あなたの生活と仕事』宝島社，2013
松下良平『道徳教育はホントに道徳的か？「生きづらさ」の背景を探る』日本図書センター，2011
水戸部修治他『授業における「活用」』東洋館出版社，2010
宮寺晃夫『リベラリズムの教育哲学ー多様性と選択』勁草書房，2000
みずほ総合研究所『図解 年金のしくみー年金制度の問題点を理解するための論点40』東洋経済新報社，2006
M・サンデル『これからの「正義」の話をしよう』早川書房，2011
文部科学省『小学校学習指導要領』東京書籍，2008
文部科学省『小学校学習指導要領解説　社会科編』東洋館出版社，2008
文部科学省『中学校学習指導要領解説　社会科編』日本文教出版，2008
文部科学省『小学校学習指導要領解説　社会科編』日本文教出版，2018
文部科学省『中学校学習指導要領解説　社会科編』東洋館出版社，2018
森村進『自由はどこまで可能か』講談社，2001
森分孝治『社会科授業構成の理論と方法』明治図書，1978
森分孝治『社会科教育学研究ー方法論的アプローチ入門』明治図書，1999
森分孝治他『社会科重要用語 300 の基礎知識』明治図書，2000
永富邦雄『年金無血革命』，文藝春秋，2006
仲正昌樹『いまこそロールズに学べ「正義」とはなにか？』春秋社，2013
中野剛志『TPP 亡国論』集英社新書，2011
中山元『正義論の名著』筑摩書房，2011
直江清隆他『正義とは』岩波書店，2012
小川仁志『「道徳」を疑え!ー自分の頭で考えるための哲学講義ー』NHK 出版，2013
尾原康光『自由主義社会科教育論』溪水社，2009
奥村隆一『人口減少経済早わかり』中経出版，2010
労働政策研究・研修機構『データブック国際労働比較』労働政策研究・研修機構，2006
塩野谷祐一『経済と倫理ー福祉国家の哲学』東京大学出版，2002
塩野谷祐一『アメリカ社会科における価値学習の展開と構造』風間書房，2015
塩野谷祐一『エッセー正・徳・善ー経済を「投企」するー』ミネルヴァ書房，2009
鈴木宣弘他『ここが間違っている！日本の農業問題』家の光協会，2013

社会認識教育学会『改訂新版初等社会科教育学』学術図書出版社，2000
社会認識教育学会『社会科教育のニュー・パースペクティブ－変革と提案－』明治図書，2003
高木展郎『各教科における言語活動の充実』教育開発研究所，2008
高山憲之『年金と子ども手当』岩波書店，2010
武田邦彦『偽善エコロジー』幻冬舎，2008
武田邦彦『環境問題はなぜウソがまかり通るのか』洋泉社，2007
武長脩行『子どもに生きた経済を教える本』学事出版，2006
竹内章郎『現代平等論ガイド』青木書店，1999
橘木俊詔『消費税15%による年金改革』東洋経済新報社，2005
富山県統計調査課『経済指標のかんどころ改訂23版』富山県統計協会，2006
上田浩『価値と倫理』文理閣，2006
宇佐見寛『論理的思考をどう育てるか』明治図書，2003
若松良樹『センの正義論』勁草書房，2003
渡部竜也『アメリカ社会科における価値学習の展開と構造－民主主義社会形成のための教育改革の可能性－』風間書房，2015
渡邊頼純『TPP参加という決断』ウェッジ，2011
山脇直司『公共哲学とは何か』筑摩書房，2004
矢崎公二『子ども手当ハンドブック2010』大空出版，2010
吉本佳生『スタバではグランデを買え！』ダイヤモンド社，2007
吉本佳生『クルマは家電量販店で買え！』ダイヤモンド社，2008

2　参考論文一覧

秋田真「A・センのケイパビリティーアプローチを用いた小学校社会科学習－第6学年公民分野「世界の中の日本」の取組より－」日本公民教育学会『公民教育研究』第23号，2015，pp.69-78
秋田真「価値判断学習としての小学校社会科の経済教育－功利と正義の視点を通して」経済教育学会『経済教育』第34号，2015，pp.164-171
秋田真「合理的意志決定能力を育てる授業づくり－小学校第6学年社会科「わたしたちの生活と政治」」弘前大学教育学部研究紀要『クロスロード』2008，pp.1-10
秋田真他「生きてはたらく知識・技能の活用に着目した思考力・判断力・表現力の育成－弘前大学教育学部附属小学校の取組より」弘前大学教育学部研究紀要『クロスロード』2013，pp.25-33
天田城介「自己と自由：責任・制度・正義」立教大学『応用社会学研究』2002，pp.69-113
浅田鶴予『創造的な学習指導を実現する算数指導の実践的研究』弘前大学教育学部

修士論文，2015
朝倉淳「社会的判断力を育成する小学校社会科の授業構成ー「私たちの生活とごみ」を事例として」全国社会科教育学会『社会科研究』第45号，1996，pp.51-60
江川直子「アマルティア・センのケイパビリティ概念に関する考察」社会・経済システム学会『社会・経済システム』2006，pp.99-105
藤瀬泰司「社会形成の論理に基づく社会科経済学習の授業開発ー単元「君は会社でどう働くか？特許権問題から見える会社のあり方？」全国社会科教育学会『社会科研究』第61号，2004，pp.61-70
平川公明「法的な見方考え方を育成する小学校社会科授業ー第6学年単元「わたしたちのくらしと憲法」」弘前大学教育学部研究紀要『クロスロード』2010，pp.43-51
平川公明「社会的見方を育成する協同追究を主軸とした授業作りー小学校第3学年単元「火事がおきたら」の場合」弘前大学教育学部研究紀要『クロスロード』2007，pp.71-83
保坂秀夫「社会科授業における価値教育の可能性と価値分析の方法についての考察」埼玉純真短期大学『埼玉純真短期大学研究論文集』2008，pp.73-82
猪瀬武則「経済教育における年金教育の可能性ー自立と公共性のデマケーション」経済教育学会『経済教育』第28号，2009，pp.118-125
猪瀬武則他「小学校社会科における実践的意思決定能力育成ー「雪国のくらし：ロードヒーティングをどこに作るか？」の場合」弘前大学教育学部研究紀要『クロスロード』2004，pp.9-18
猪瀬武則「中学校社会科公民的分野における実践的意思決定能力育成ー「貿易ゲーム」実践を実例として」弘前大学教育学部研究紀要『クロスロード』2004，pp.9-18
石原一則「高齢者福祉サービスにおける構造的価値対立を組み込んだ政治学習」全国社会科教育学会『社会科教育論叢』第44号，2005，pp.88-93
徐小淑『現代中国の社会系教科における経済教育に関する研究ー社会主義市場経済下での経済認識と経済的価値の統一的形成ー』弘前大学地域社会研究会博士論文，2015
川村尚也「リベラリズム、リバタリアニズム、コミュニタリアニズムと組織的知識構造」大阪市立大学『經營研究』2002，pp.101-124
桑原敏典「見方・考え方を育成する社会科授業構成ー価値的判断力育成を目指す授業構成諸理論の検討を通して」岡山大学教育学部附属教育実践総合センター『岡山大学教育実践総合センター紀要』2001，pp.1-9
松岡尚敏「平成20年版学習指導要領と社会科授業改善の視点（2）」宮城教育大学『宮城教育大学紀要』第44号，2009，pp.23-37
峰明秀「「外国人労働者『問題』を考える」教材構成の論理」鳴門教育大学『社会認識教育学研究』1993，pp.13-16

峰明秀「真正の評価概念に基づく社会科学習評価の一考察：「外国人労働者問題」授業のレポート分析を手かかりとして」大阪教育大学『大阪教育大学紀要』2005，pp.47-60
三輪健司「道徳的価値判断の源泉としての Ressentiment について」滋賀大学『滋賀大學學藝學部紀要』1957，pp.3-13
溝口和宏「開かれた価値観形成をめざす歴史教育の論理と方法：価値的知識の成長を図る四象限モデルの検討を通して」全国社会科教育学会『社会科教育』第77号，2011，pp.1-12
溝口和宏「開かれた価値観形成をめざす社会科教育：「意思決定」主義社会科の継承と革新」全国社会科教育学会『社会科教育』第56号，2002，pp.31-40
中平一義他「社会科教育における判断基準（価値）：法教育における判断基準（価値）」横浜国立大学『横浜国立大学教育人間科学部紀要』2008，pp.63-78
新川信洋「経営倫理学の理念的検討の射程（自由論題）」日本経営倫理学会『日本経営倫理学会誌』第18号，2011，pp.139-146
尾原康光「社会科授業における価値判断の指導について」全国社会科教育学会『社会科研究』第39号，1991，pp.70-83
大杉昭英「社会科における価値学習の可能性」全国社会科教育学会『社会科研究』第75号，2011，pp.1-10
太田秀文他「意思決定能力を育成する環境学習（II）一白神山地の入山規制問題」弘前大学『弘前大学教育学部教科教育研究紀要』第24号，1996，pp.13-26
作間逸雄「「ケイパビリティー」で考えてみよう一保守主義・リベラリズム・ケイパビリティー」専修大学社会科学研究所『専修大学社会科学研究所月報』1998，pp.1-32
佐長健司「社会科授業における価値判断指導の検討」全国社会科教育学会『社会科研究』第65号，2006，pp.41-50
佐長健司「社会科教育内容の状況論的検討：概念的知識のディコンストラクション」全国社会科教育学会『社会科研究』第71号，2009，pp.1-10
佐長健司「政治的市民の育成を目的とする社会科の授業構成：中等後期単元「論争問題としての憲法」の場合」佐賀大学『佐賀大学文化教育学部研究論文集」2004，pp.267-297
佐野亘「環境問題と民主主義：予備的考察」人間環境大学『人間と環境』2001，pp.17-29
佐藤育美「現代社会科歴史授業構成論の類型とその特徴」岡山大学教育学部附属教育実践総合センター『岡山大学教育実践総合センター紀要』2006，pp.1-10
塩野谷祐一「報告（1）アマルティア・セン教授との対話」国立社会保障・人口問題研究所『季刊社会保障研究』1999，pp.6-13
杉田直樹他「意思決定を促す小学校社会科授業方略一ロールプレイングによる価値の共感的理解と吟味を手がかりに」岡山大学教師教育開発センター紀要『岡山大

学教師教育開発センター紀要』第 2 号，2012，pp.92-101
田本正一「価値判断力を高める社会科論争問題授業の開発ー中等後期単元「プルサーマル問題」」全国社会科教育学会『社会科教育論叢』第 45 号，2006，pp.64-69
田本正一「状況論的アプローチによる社会科論争問題授業の開発ー中学校公民的分野単元「長崎新幹線建設問題」」全国社会科教育学会『社会科研究』第 69 号，2008，pp.11-20
上山敬補「アマルティア・センの正義論の構造」鹿児島国際大学『地域経済政策研究』2007，pp.77-109
渡部竜也「思想的価値を扱う学習の市民的資質育成における原理的限界ー米国の「価値分析」学習論と「価値明確化」学習論の比較的考察を通して」東京学芸大学『東京学芸大学紀要』2012，pp.1-45
渡部薫「「経済の文化化」と生産における価値の変容ー創造性の価値の増大か、手段的合理性の徹底かー」文化経済学会『文化経済学』2004，pp.45-59
吉村功太郎「社会科における価値観形成論の類型化ー市民的資質育成原理を求めて」全国社会科教育学会『社会科研究』第 51 号，1999，pp.11-20
吉村功太郎「合意形成能力の育成をめざす社会科授業」全国社会科教育学会『社会科研究』第 45 号，1996，pp.41-50
吉村功太郎「社会的合意形成能力の育成をめざす社会科授業」全国社会科教育学会『社会科研究』第 59 号，2003，pp.41-50

謝辞

本論文は、筆者が弘前大学大学院地域社会研究科後期博士課程の地域政策研究講座において行った研究を平成29年度告示の学習指導要領に照らし合わせながら修正し、まとめたものであります。

本研究に関して、直接ご指導頂いた日本体育大学猪瀬武則先生には、論文の書き方を始め、授業におけるワークショップ型指導の可能性や社会科授業で扱う価値についての捉え方等の視点を与えて頂き、心より感謝致します。

出版に関しては、松本大学学長の菅谷昭先生を始め、前学長住吉廣行先生、本学研究推進委員会委員長木藤伸夫先生他、関係各教職員の方々に感謝いたします。また、本学所属学部において出版の示唆を下さった学部長川島一夫先生、学科長岸田幸弘先生、学部研究推進委員守一雄先生にも併せて感謝を申し上げます。原稿の扱いに関しては、本学松本大学出版会の柄山敏子様にお世話になりました。そして、何よりも授業を共につくった子どもたちに感謝の気持ちを込め、お礼申し上げます。

執筆者紹介

秋田　真　(あきた しん)

1993 年　弘前大学教育学部卒業
　　　　青森県内公立学校教員として勤務
2004 年　弘前大学教育学部大学院修士課程修了　修士（教育学）
　　　　弘前大学教育学部附属小学校　教諭
2013 年　　　　　〃　　　　　　　　主幹教諭
2016 年　弘前大学大学院地域社会研究科後期博士課程修了　博士（学術）
2017 年　松本大学教育学部　准教授
2019 年　　　　〃　　　　　教授

所属学会　　全国社会科教育学会
　　　　　　社会系教科教育学会
　　　　　　経済教育学会
　　　　　　日本公民教育学会
　　　　　　中部教育学会
　　　　　　日本基礎教育学会

小学校社会科における価値判断の授業開発
—包摂主義を基軸とした価値類型の有効性—

2021年4月5日　初版第1刷発行

定価　2,300円＋税

著　　者　秋田　真

発 行 者　松本大学学長　菅谷　昭

発 行 所　松本大学出版会

〒391-1295　長野県松本市新村2095-1

TEL 0263-48-7200（代）　FAX 0263-48-7290

http://www.matsumoto-u.ac.jp

印刷・製本　日本ハイコム株式会社

ISBN978-4-902915-28-0